BERND GÖRNE | ANDREAS SCHMIDT

DER LUTHERWEG
IN SACHSEN

ENTDECKUNGEN IM MUTTERLAND
DER REFORMATION

EVANGELISCHE VERLAGSANSTALT
Leipzig

Bernd Görne, geboren 1954 in Berlin. Nach Volontariat in Dresden Journalistikstudium in Leipzig mit Abschluss als Diplom-Journalist. Tätig in Werbeagenturen, Zeitungsredaktionen und als Pressesprecher eines Leipziger Unternehmens. Seit 1992 freier Journalist in Leipzig.

Andreas Schmidt, geboren 1967 in Leipzig. Nach dem Abitur und einer mehrjährigen Verlagstätigkeit absolvierte er ein Studium zum Dipl. Kommunikationswirt (SAW). Seit 1996 arbeitet er als Leiter Öffentlichkeitsarbeit / PR bei der Leipzig Tourismus und Marketing GmbH.

Danksagung an Evangelische Landeskirche Sachsen, Dr. Katharina Sparrer, Manuela Kolster und Kristin Zschäbitz vom Tourismusverband „Sächsisches Burgen- und Heideland" e. V.

Bibliographische Information der Deutschen Nationalbibliothek:
Die Deutsche Nationalbibliothek verzeichnet diese Publikation in der Deutschen Nationalbibliographie; detaillierte bibliographische Daten sind im Internet über http://dnb.dnb.de abrufbar.

© 2017 by Evangelische Verlagsanstalt GmbH · Leipzig
Printed in EU

Das Buch wurde auf alterungsbeständigem Papier gedruckt.

Gesamtgestaltung: Makena plangrafik, Leipzig
Druck und Binden: GRASPO CZ a. s., Zlín

ISBN 978-3-374-04852-6
www.eva-leipzig.de

Inhalt

EINLEITUNG – Interview mit Dr. Katharina Sparrer 7

MARTIN LUTHER – Wichtige Stationen seines Lebens 14

27 STATIONEN DES LUTHERWEGS

(Hinweise auf Ausflugsziele und Veranstaltungen finden Sie auf den in Klammern stehenden Seiten im Anhang)

1 • Bad Düben **22** (116)	15 • Rochlitz **69** (128)
2 • Dreiheide (OT Süptitz) **25** (116)	16 • Penig **72** (128)
3 • Torgau **28** (117)	17 • Wolkenburg **75** (129)
4 • Belgern-Schildau **32** (118)	18 • Waldenburg **78** (130)
5 • Wurzen **35** (119)	19 • Glauchau **82** (130)
6 • Trebsen **40** (119)	20 • Zwickau **85** (131)
7 • Grimma **43** (120)	21 • Crimmitschau **89** (132)
8 • Colditz **46** (121)	22 • Gnandstein **92** (134)
9 • Mügeln **49** (122)	23 • Borna **96** (134)
10 • Leisnig **52** (123)	24 • Neukieritzsch **99** (135)
11 • Döbeln **55** (124)	25 • Leipzig **101** (136)
12 • Waldheim **60** (124)	26 • Eilenburg **107** (136)
13 • Kriebstein **63** (125)	27 • Löbnitz **112** (137)
14 • Mittweida **66** (126)	

KARTENSEITEN – Tipps zu Ausflugszielen und Veranstaltungen................................ **116**

STEMPELSTATIONEN **139**

Einleitung

Wer an einem Weg baut, findet viele Ratgeber. (Martin Luther)
Interview mit Dr. Katharina Sparrer, Geschäftsführerin des
Tourismusverbandes „Sächsisches Burgen- und Heideland" e. V.

Sie begleiten von Anfang an die Entwicklung des Lutherweges in Sachsen. Wie kam es dazu und wie entstand der Lutherweg?

Dabei muss ich vorausschicken, dass die Idee in Sachsen-Anhalt entstand, eine Verbindung zwischen einzelnen Wirkungsstätten des Reformators Martin Luther herzustellen, die als „Lutherweg in Sachsen-Anhalt" 2008 eingeweiht wurde und über eine Entfernung von 410 Kilometern 43 Lutherstätten miteinander verbindet.

Dr. Katharina Sparrer

Dadurch wurden auch Sachsen und Thüringen angeregt, Lutherwege als Wander- und Pilgerangebote aufzubauen.

Die Initiative zur Einrichtung von Lutherwegen hat sich bisher auf sieben Bundesländer ausgedehnt. Sachsen, Thüringen und Sachsen-Anhalt verfügen jeweils über einen Rundweg. Hessen, Rheinland Pfalz und Bayern werden ihren Weg als Stich-Weg ausweisen. Und in Brandenburg wird der Weg über die Route „Städte mit historischen Stadtkernen" gelegt werden, die hauptsächlich einen Radwegcharakter haben soll.

Alle Lutherwege sind miteinander verbunden. Der Sächsische Weg hat einen Anschluss in Bad Düben nach Sachsen-Anhalt, in Gnandstein nach Altenburg (Thüringen), und ein dritter Anschluss wird von Torgau nach Herzberg (Brandenburg) geschaffen.

Als Dachorganisation fungiert die Lutherweg-Gesellschaft mit Sitz in Wittenberg, die zunächst als Verein zur Unterstützung des Lutherweges in Sachsen-Anhalt gegründet wurde. Ihr schlossen sich Landeskirchen und Tourismusvereine an. Sie versteht sich als Dachorganisation für alle Lutherwege und führt jedes Jahr einen Lutherweg-Tag durch, auf dem wir unsere Erfahrungen austauschen.

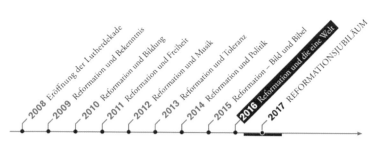

Die Lutherdekade bezeichnet die 10 Jahre vom Startschuss 2008 bis zum Reformationsjubiläum 2017.

Lutherdekade 2008–2017

Welches Ziel wurde mit der Gestaltung eines solchen Weges verfolgt?

Mit der Eröffnung der Lutherdekade 2007 wurde auf das 500-jährige Reformationsjubiläum zugearbeitet. Im Rahmen der Dekade sind jährlich besondere Schwerpunkte gesetzt worden, die im engen Kontext zur Reformation stehen. Im Rahmen dieser Themenjahre fand eine Vielzahl von Veranstaltungen und Ausstellungen statt. Es lag nahe, die Auswirkung der Reformation auf viele Lebensbereiche für jedermann nacherlebbar werden zu lassen. Sie stellt ja gewissermaßen eine Zäsur zwischen Mittelalter und Neuzeit dar. So wendet sich der Lutherweg als Gemeinschaftsprojekt von Kirchen, Tourismusverbänden, Kommunen und weiteren Trägern an Pilger, Wanderer und alle an der Reformation und ihren Wirkungen Interessierten. Damit verfolgt es eigentlich mehrere Ziele: Zum einen erhalten die evangelischen Christen die Möglichkeit, auf den Spuren des großen Reformators Dr. Martin Luther und seiner Weggefährten zu pilgern und Originalschauplätze der Reformation hautnah zu erleben. So erhalten sie Inspiration und können sich die Quellen ihres Glaubens erschließen.

Zum anderen sind wir als Touristiker bemüht, die reiche Geschichte der Region, in der die Reformation eine wichtige historische Zäsur darstellte, Besuchern aus dem In- und Ausland nahezubringen. Die vielen Sehenswürdigkeiten, Kirchen, Städte und Gemeinden, die in den letzten 25 Jahren eine regelrechte Renaissance erlebten, sind sowohl für Einzelbesucher als auch Gruppen lohnende Destinationen. Um Zielgruppen differenziert anzusprechen, gibt es Materialien speziell zum Beispiel für Wanderer, Radfahrer und Motorradenthusiasten. Wirksam eingesetzt wurde auch der von alekto-Film gedrehte Film zum Lutherweg in Sachsen. Wir sind besonders auf den Tourismusmessen – allen voran die Internationale Tourismusbörse (ITB) – und ebenso im Ausland mit unseren Angeboten vertreten.

Wir spüren bereits die Resonanz insbesondere in Ländern Nordeuropas, aus denen uns viele Anfragen erreichen. Außerdem arbeiten wir gezielt mit Reisebüros zusammen, die sich teilweise auch speziell religiösen Zielgruppen widmen.

In Verbindung mit der Vorbereitung des 500. Jubiläums der Reformation 2017 waren in der Lutherdekade vielfältige Aktivitäten an den Reformationsstätten zu spüren, nachhaltig wurden zahlreiche Baudenkmale renoviert und saniert, um sie vor weiterem Verfall zu schützen. Damit hat die Entwicklung dieses Lutherweges viel in Bewegung gesetzt, das der gesamten Region von Nutzen ist.

Wie verlief eigentlich der Entwicklungsprozess von der Konzeption bis zur praktischen Gestaltung?

Die Evangelisch-lutherische Landeskirche Sachsens in persona von Oberlandeskirchenrat Dr. Christoph Münchow hat 2009 ein Arbeitsdokument vorgelegt, welches die wichtigsten Orte der Reformation in Sachsen beinhaltete. Dabei stand nicht ausschließlich die Nachweisbarkeit Luthers in den Orten im Vordergrund, sondern die Bedeutung der Orte für das Fortschreiten der Reformation. An diesen Orten wirkten neben Martin Luther weitere

Reformatoren, die ihm nahestanden, oder auch Persönlichkeiten der Zeitgeschichte, wie z. B. Elisabeth von Rochlitz, die sich stark für die Einführung der Reformation einsetzte.

Ein möglicher Projektpartner wurde gesucht. Da die meisten der genannten Orte im Verbandsgebiet des Tourismusverbandes „Sächsisches Burgen- und Heideland" e. V. lagen, wurde ich angefragt, ob ich mir vorstellen könne, ein solches Projekt umzusetzen.

Ab 2010 wurden die im Konzept benannten Orte angefragt, ob die Bereitschaft besteht, sich finanziell am Projekt zu beteiligen.

Insgesamt hat jede Kommune 3.000 Euro für die Projektlaufzeit bezahlt. Einzige Ausnahme war die Stadt Leipzig, da Leipzig im Rahmen der Maßnahme nicht förderfähig war. So musste die Stadt Ihren Eigenanteil in Höhe von rund 20.000 Euro selbst tragen.

Mit dem Kabinettsbeschluss vom 31. März 2010 bekräftigte zugleich die Sächsische Staatsregierung ihre Bereitschaft, sich finanziell an Aktivitäten im Rahmen der Lutherdekade zu beteiligen. Dies betrifft Musikveranstaltungen,

ITB 2015 mit „Miss Sachsen" Josephin Frenzel

Einweihung Teilstrecke in Gnandstein Juni 2014

Ausstellungen, Marketingmaßnahmen der Tourismus Marketing Gesellschaft mbH (TMGS), Maßnahmen zur kulturellen Bildung und weiteren Projekten wie dem „Lutherweg in Sachsen".

Die Finanzierung eines solchen Vorhabens stellt sicher viele Kommunen vor große Herausforderungen?

Das stimmt, doch wenn man sich die Aussichten auf eine erfolgreiche Steigerung des Tourismus mit seinen positiven wirtschaftlichen Auswirkungen ausmalt, haben sich die genannten Kommunen ganz bewusst dafür entschieden. Hinzu kommt auch eine Langzeitwirkung, denn

Baudenkmale, die in ihrer Vielfalt und Einmaligkeit im mitteldeutschen Raum existieren, konnten mit Hilfe staatlicher Förderung weitaus zeitnaher nachhaltig saniert werden.

In der Praxis sah es so aus: Nachdem der Eigenanteil für die Projektumsetzung gesichert war, konnte der Fördermittelantrag beim Staatsministerium für Umwelt und Landwirtschaft (SMUL) gestellt werden. Der Fördermittelbescheid wurde am 12. August 2011 durch den damaligen Staatsminister Frank Kupfer übergeben.

Der „Lutherweg in Sachsen" hat das Ziel, die Entwicklung des Landtourismus in Sachsen entlang des Weges zu stärken. Zudem soll er dazu führen, dass in der Region ein „Wir-Gefühl" und

Tourismusfrühstück zum Thema Lutherweg in Sachsen in Leipzig, April 2014

eine stärkere Identifikation der Bevölkerung mit der regionalen historischen Vergangenheit ausgebildet werden.

Ferner soll der Lutherweg in das Netzwerk der Mitteldeutschen Lutherwege eingebunden werden, sodass sein Bekanntheitsgrad über die regionale Ebene hinauswächst und er im Verbund Mitteldeutschland auch international wahrgenommen und erfahrbar wird.

Dreharbeiten zum Lutherfilm in Süptitz 2014

Wann ging es praktisch in Sachsen los?

Startschuss des Projektes 2011 war eine Kabinettssitzung des sächsischen Landtages in Torgau und die Eröffnung einer ersten Teilstrecke zwischen Bad Düben und Torgau (ca. 60 km) am 6. September 2011 durch den Ministerpräsidenten Stanislaw Tillich.

Am 15. August 2011 begann die Projektumsetzung mit dem Arbeitsbeginn von zwei Projektmanagern. Die Projektlaufzeit war für drei Jahre konzipiert (August 2011 – August 2014), bedingt durch das Hochwasser 2013 konnte eine Projektverlängerung bis April 2015 erreicht werden. Seit 2013 arbeiteten zwei weitere Mitarbeiter an der Umsetzung des Beschilderungskonzeptes. Die Arbeiten am Lutherweg fanden zum 31. Dezember 2015 ihren Abschluss.

Projektteam: Kristin Zschäbitz, Daniel Masiak, Manuela Kolster, Dr. Katharina Sparrer

Welche Akteure setzten sich insbesondere für das Projekt „Lutherweg in Sachsen" ein?

Seit 2012 ist der Präsident des sächsischen Landtages Dr. Matthias Rößler der Schirmherr des sächsischen Lutherweges.

Herr Christian Otto (Landrat a. D.) ist der Beauftragte der sächsischen Staatsregierung für die Lutherdekade und begleitet den Aufbau und die Weiterentwicklung des Lutherweges in Sachsen.

Einweihung Teilstrecke in Gnandstein

Von kirchlicher Seite wird der Lutherweg von Oberlandeskirchenrat Christoph Seele (Beauftragter der evangelischen Landeskirchen beim Freistaat Sachsen) und Michael Seimer (Referent für die Lutherdekade und das Reformationsjubiläum) begleitet.

Wie sah die Gestaltung in der Praxis aus?

Für die Streckenführung des Lutherweges in Sachsen wurden nur vorhandene Wege in der Region genutzt. Zur Recherche der Wege und Streckenführungen sowie zur ersten Festlegung der Beschilderungsstandorte sind die Tourismusmanager die gesamte Strecke abgelaufen. Das Streckenkonzept und die Beschilderungskonzeption erfolgten auf Grundlage vorliegender Handlungsempfehlungen für qualitätsgerechte Wanderwege.

Die Streckenführung wurde mit den Kommunen abgestimmt. Für die Streckenführung wurden Gestattungsverträge abgeschlossen, die gleichzeitig die Nachsorge der Wege regelten.

Für das Layout der Schilder war eine Beschilderungsrichtlinie beispielgebend, die in Thüringen 2012 vorgelegt wurde. Das sollte sichern, dass die Lutherwege in Mitteldeutschland einheitlich beschildert werden.

Als Symbol und Wegkennzeichnung dient ein grünes „L" auf weißem Grund. Die Wort-Bildmarke ist von der Lutherweg-Gesellschaft geschützt. Die Montage der Schilder erfolgte ab 2014 nach einer entsprechenden deutschlandweiten Ausschreibung durch eine spezialisierte Firma. Insgesamt wurden auf dem gesamten Sächsischen Lutherweg ca. 2.300 Farbmarkierungen und 2.400 Schilder angebracht.

In den Partnerorten am Weg wurde pro Ortschaft mindestens eine Informationstafel aufgestellt. Die Aufstellung weiterer Tafeln wurde von einigen Orten gewünscht, daher stehen insgesamt 43 Informationstafeln am gesamten Lutherweg.

Die Inhalte der Tafeln sind gemeinsam mit der Evangelisch-lutherischen Landeskirche Sachsens abgestimmt worden und nehmen Bezug auf das Reformationsgeschehen vor Ort. Weiterhin

Lutherweg-Logo

Aufstellung der ersten Wegweiser in Döbeln

Feierliche Übergabe des Lutherweges 2015 in Döbeln

sind auf den Tafeln spirituelle Impulse vermerkt (beispielsweise Lutherzitate), die dem Wanderer mit auf den Weg gegeben werden.

Außerdem gibt es eine Reihe von nützlichen Materialien in den einzelnen Tourist-Informationen an der Strecke, darunter Karten mit der Wegeführung und den Wanderpass. Darin gibt es vorgegebene Felder, in denen man an den einzelnen Stationen Orts-Stempel kostenlos eindrucken lassen kann.

Nun freuen wir uns auf die Gäste, die im Lutherjahr den Weg nutzen, um authentische Wirkungsstätten ebenso zu besuchen wie Neuentstandenes. Wir sind sicher, dass sie sich dank der sprichwörtlichen sächsischen Gastlichkeit bei uns wohlfühlen werden. Um es mit Martin Luthers Worten zu sagen: „Denn es ist besser, mit eigenen Augen zu sehen, als mit fremden".

Danke für das Interview

Stempel

Feierliche Übergabe des Lutherweges 2015 in Döbeln

Wichtige Stationen

Martin Luther und die Reformation

Als Reformation (lateinisch „reformatio" – Wiederherstellung, Erneuerung) wird im engeren Sinne die kirchliche Erneuerungsbewegung zwischen 1517 und 1648 bezeichnet. Diese führte zur Spaltung des Christentums in verschiedene Konfessionen. Anfänglich versuchte die Reformationsbewegung, die römisch-katholische Kirche zu reformieren. Das misslang. In Deutschland wurde die Reformation vor allem von Martin Luther angestoßen. Ihr Beginn wird auf den 31. Oktober 1517 datiert, als Luther seine 95 Thesen an die Wittenberger Schlosskirche angeschlagen haben soll. Doch wie kam es zur Reformation der Kirche?

10. November 1483: Geburt in Eisleben

Martin Luther entstammte einem thüringischen Bauerngeschlecht, das in Möhra ansässig war.

Luthers Eltern (Lucas Cranach d. Ä., 1527)

Die Familiensippe ist dort seit dem 14. Jahrhundert nachweisbar.

Nach dem Umzug der Eltern im Sommer 1483 nach Eisleben wurde Martin am 10. November 1483 als ältestes von neun Kindern in einem spätmittelalterlichen Fachwerkhaus geboren. Dieses Gebäude wurde durch einen Brand 1689 schwer beschädigt. Die Stadt Eisleben erwarb das Grundstück und baute es 1693 als städtische Armenschule wieder auf, die zugleich als Luther-Gedenkstätte diente. Das Luther-Geburtshaus zählt zu den ältesten Museen Deutschlands und ist UNESCO-Welterbe.

1484: Umzug nach Mansfeld und Besuch der Schule

Ein Jahr nach Martins Geburt zog die Familie Luther nach Mansfeld, das damals rund 3.000 Einwohner zählte. Luthers strebsamer Vater arbeitete als Hüttenmeister und erhoffte sich vom aufblühenden Kupferschieferbergbau gute Aufstiegschancen. Außer in Wittenberg hat Martin Luther nirgendwo länger gelebt als in Mansfeld. Er verbrachte hier 13 Jahre und besuchte 1488 bis 1496 die Schule. Luther galt als fleißiger Schüler, war aber auch still und zurückhaltend. Das lutherische Anwesen in der Lutherstraße existiert heute noch als authentischer Ort. Im Jahr 1497 ging Luther nach Magdeburg an die Schule der „Brüder vom gemeinsamen Leben" und von dort 1498 nach Eisenach zu Verwandten der Luthers. Dort lernte er an der städtischen Pfarrschule in Eisenach.

Mai 1501: Studium in Erfurt

Nach erfolgreichen Schulbesuchen ließ sich der 17-jährige Luther Anfang Mai 1501 als „Martinus Ludher ex Mansfelt" für das Sommersemester 1501 in die Erfurter Universitätsmatrikel eintragen. Er folgte damit dem Wunsch seines Vaters, der ihm als Jurist eine sichere Existenz ermöglichen wollte. Zwischen 1501 und 1505 war Luther Student der Sieben Freien Künste an der Artistenfakultät. Im Jahr 1505 schloss er das Grundstudium ab und promovierte zum Magister Artium. Anschließend besuchte er bis Juni 1505 die Vorlesungen in der Juristenschule. Sein Studienort Erfurt war damals mit etwa 20.000 Einwohnern die sechstgrößte Stadt im Heiligen Römischen Reich.

2. Juli 1505: Gewittererlebnis

Dieser Tag machte aus dem lebensfrohen Jurastudenten einen demütigen Mönch. Luther war auf der Rückreise von einem Besuch bei seinen Eltern. Aus Mansfeld kommend, geriet der strebsame Magister im Dorf Stotternheim in ein schweres Gewitter. In nächster Nähe schlug ein Blitz ein. Luther wurde vom Luftdruck zu Boden geschleudert. In diesem Augenblick rief der 21-jährige die Heilige Anna an und gelobte: „Ich will ein Mönch werden!" An diesen schicksalhaften Moment erinnert heute der „Lutherstein" östlich des Erfurter Ortsteils Stotternheim.

17. Juli 1505: Luther wird Mönch

Neben dem Gewittererlebnis waren es jedoch auch Luthers Bemühen um Erkenntnis und die Flucht vor einer Zwangsheirat, die ihn zu einer Abkehr vom weltlichen Leben bewegten. Zum Zorn seiner Eltern trat er am 17. Juli 1505 in das Kloster der Augustiner-Eremiten zu Erfurt ein. Diese Zeit, bestimmt durch Beten, Fasten und Arbeiten, prägte Luther sehr. Hier fand er den engen Bezug zur Bibel, der seine späteren Schriften kennzeichnete. Im Sommer 1506 legte der Novize das Mönchsgelübde ab und wurde am 4. April 1507 im Erfurter Dom zum Priester geweiht. Am 2. Mai 1507 hielt er in der Augustinerkirche seine erste Messe (Primiz) und begann auf Anraten des Generalvikars Johann von Staupitz ein Theologiestudium. Er studierte Scholastik, lernte aber auch die Ideen der Humanisten kennen.

Sommer 1511: Umzug nach Wittenberg

Aufgrund von Differenzen mit den Erfurter Ordensbrüdern zog der Augustinermönch 1511 nach Wittenberg in das Schwarze Kloster und wirkte dort als Subprior. Der damals nur von 3.000 Menschen bewohnte Ort wurde sein Lebensmittelpunkt. 31 Jahre verbrachte Luther hier. Am 19. Oktober 1512 promovierte er in der Wittenberger Schlosskirche zum Doktor der Heiligen Schrift und erhielt am Collegium Friderizianum, der 1502 gegründeten Universität, eine Bibelprofessur.

1515: Turmerlebnis

Die Zeit seiner Vorlesungen war durch ein starkes Ringen um religiöse Erkenntnis geprägt. Im Jahr 1515 hatte der zweifelnde Theologe im Turmzimmer des Wittenberger Klosters das „Turmerlebnis". Bei der Vorbereitung einer Lesung kamen Luther erste Zweifel am Machtzentrum des Vatikans und an der Unfehlbarkeit des Papstes. Die für ihn entscheidende religiöse Erleuchtung erhielt er beim Studium des Römerbriefes: „Der Mensch erlange Gerechtigkeit allein durch die Gnade Gottes, nicht durch gute

Werke (Röm 1,17)." Entscheidend ist aus dieser Sicht der Glaube an die Barmherzigkeit Gottes, nicht das menschliche Werk.

31. Oktober 1517: Thesenanschlag

Seit 1507 nahm der Ablasshandel, mit dem man sich sein Seelenheil erkaufen konnte, dramatisch zu, da die Kurie in Rom und der mit dem Ablasshandel in Deutschland beauftragte Bischof Albrecht von Brandenburg immer mehr Geld benötigten. Der Ablasskauf ersetzte quasi die Beichte und war Luthers Überzeugung zuwider. Vor allem der Dominikanermönch Johann Tetzel verkaufte in marktschreierischer Weise Ablassbriefe mit dem Spruch: „Wenn das Geld im Kasten klingt, die Seele in den Himmel springt." Um gegen den Missbrauch des Ablasshandels vorzugehen, predigte Luther dagegen und schlug, so eine Überlieferung, am 31. Oktober 1517 mit lauten Hammerschlägen seine 95 Thesen an die Wittenberger Schlosskirche. Dies gilt als Auftakt der Reformation.

1517: Verbreitung von Luthers Schriften

Bereits Ende 1517 waren Drucke der Thesen in Leipzig, Nürnberg und Basel im Umlauf. Sie verbreiteten sich schnell im ganzen Land. Der Leipziger Drucker Melchior Lotter druckte die Thesen 1519 als Erster als Plakatdruck. Seitens zahlreicher humanistischer Gelehrter und auch einiger Fürsten gab es viel Zustimmung für Luthers Schriften. Bei großen Teilen der katholischen Kirche stießen sie aber auf völlige Ablehnung. Der Druck auf Luther wuchs, seine Thesen durch Schriften zu präzisieren.

Juli 1519: Disputation

Die Verfechter des Ablasshandels veranlassten ein Streitgespräch, das von der Universität Leipzig organisiert wurde. So kam es zu Luthers bedeutendstem Besuch in Leipzig, der vom 24. Juni bis 17. Juli 1519 stattfand. In der Hofstube der Pleißenburg hielt er seine Disputation – bekannt auch als „Leipziger Kirchenschlacht" – gegen den Papisten Johannes Eck. Sie begann am 4. Juli 1519 in Anwesenheit des Herzogs Georg von Sachsen, eines entschiedenen Gegners der Reformation. Unterstützt wurde Luther von den führenden Vertretern der reformatorischen Bewegung, Philipp Melanchthon und Andreas Bodenstein (gen. Karlstadt). Am Ende beanspruchten beide Seiten den Sieg für sich. Die wesentlichen Unterschiede zwischen katholischer und reformatorischer Lehre wurden jedoch dokumentiert. Es kam zum Bruch zwischen Rom und Lutheranern.

1520/1521: Luther grenzt sich vom Papsttum ab

Durch die Veröffentlichung der Disputationstexte sowie die Darstellungen Melanchthons, der 1521 mit seinem Werk „Loci communes" die erste Formulierung der lutherischen Lehre schuf, wurden Luthers Auffassungen einem breiten Publikum zugänglich. Luther arbeitete in den Jahren 1520/21 an den drei großen reformatorischen Schriften „An den christlichen Adel deutscher Nation", „Von der babylonischen Gefangenschaft der Kirche" und „Von der Freiheit eines Christenmenschen". Innerlich trennte er sich nun völlig von Rom. Deshalb wurde 1520 der Ketzerprozess gegen ihn wiederaufgenommen.

10. Dezember 1520: Verbrennung der Bannandrohungsbulle

Ein Jahr nach der Disputation fielen die Entscheidungen. Der Prozess in Rom gegen Luther begann am 15. Juni 1520 mit der Zusendung der

Bannandrohungsbulle „Exsurge Domine" von Papst Leo X. Die Bulle prangerte 41 Sätze von Luther als ketzerisch an und forderte ihn auf, diese innerhalb von 60 Tagen zu widerrufen. Luther reagierte demonstrativ und verbrannte die Bulle zusammen mit dem Kirchengesetzbuch und Büchern seiner Gegner auf dem Platz, auf dem sich in Wittenberg heute die Luthereiche befindet. Daraufhin verhängte der Papst am 3. Januar 1521 den Bannfluch „Decet Romanum Pontificem".

20. April 1521: Wormser Reichstag

Durch den Einfluss mehrerer Fürsten war Kaiser Karl V. gezwungen, Luther, den man bereits zum Ketzer erklärt hatte, anzuhören. Er berief den Rebell zum Reichstag nach Worms und erwartete von ihm den Widerruf seiner Thesen. Am 2. April 1521 begab sich Luther auf die Reise nach Worms. Während der Fahrt wurde er in vielen Orten begeistert empfangen und predigte in Erfurt, Gotha und Eisenach. In Worms angekommen, musste Luther auf dem Reichstag zweimal vor dem Kaiser erscheinen. Luthers Bücher wurden auf einem Tisch platziert. Man fragte ihn, ob er daraus etwas widerrufen wolle. Der Reformator lehnte ab. Eine Legende ist, dass der Reformator seinen Ausführungen die berühmt gewordenen Worte hinzufügte: „Hier stehe ich und kann nicht anders!"

4. Mai 1521: Entführung auf die Wartburg

Am 25. April begab sich Luther auf die Rückreise. Er wurde nicht verhaftet, da ihm der Schutzbrief 21 Tage freies Geleit zusicherte. Nach Luthers Abreise verhängte jedoch der Kaiser die Reichsacht (Wormser Edikt), so dass Luther vogelfrei war. Dies hatte zur Folge, dass alle Personen, die papstfeindliche Schriften verbreiteten und Luther halfen, bestraft wurden. Um Luther zu schützen, ließ Kurfürst Friedrich II. (der Weise) den Gejagten am 4. Mai 1521 im Thüringer Wald entführen und auf die Wartburg bei Eisenach bringen. Vor der Öffentlichkeit verborgen lebte Luther dort bis zum 1. März 1522 als Junker Jörg.

September 1522:
Fertigstellung des Neuen Testaments

In der Verbannung auf der Wartburg litt Luther „im Reich der Vögel" an zahlreichen körperlichen Gebrechen und kämpfte mit dem Satan, wie der sprichwörtliche „Wurf mit dem Tintenfass" belegt. Trotz alledem: Auf der Wartburg übersetzte der Reformator in nur elf Monaten das Neue Testament aus dem griechischen Original ins Deutsche. Damit legte er das Fundament für eine einheitliche deutsche Schriftsprache. Die Verbreitung der Bibel war nicht mehr dem Vatikan vorbehalten. Im September 1522 war eine erste Auflage des Neuen Testaments fertig, die schnell zum „Volksbuch" wurde. 1534 druckte Hans Lufft in Wittenberg die erste vollständige Bibelübersetzung von Martin Luther.

6. März 1522: Rückkehr nach Wittenberg

In Wittenberg wurde der Neuaufbau eines an der Bibel orientierten Kirchenwesens zu Luthers zweiter großer Lebensaufgabe. Als 1522 die radikalen Reformer, wie die „Bilderstürmer" unter Andreas Bodenstein (gen. Karlstadt), an Einfluss gewannen, kehrte Luther auf eigene Gefahr nach Wittenberg zurück. Dort machte er einige Reformen rückgängig, um zu verhindern, dass den Menschen der neue Glaube aufgezwungen wurde. Am 9. Oktober 1524 legte er die Mönchskutte ab und trat aus dem Orden aus.

1524/1525: Bauernkrieg

Der Theologe Thomas Müntzer ging noch weiter als andere radikale Reformatoren, die Luther als „Schwärmer" und „Rottengeister" bezeichnete. Er schaffte den geistlichen Stand gänzlich ab. Luther war zutiefst beunruhigt. Als 1524 der Bauernkrieg ausbrach, galt Luther in der Öffentlichkeit als der Urheber der mörderischen Erhebung, die selbst Klöster in Brand steckte. Vergeblich mahnte er zum Frieden und verfasste im Mai 1525 das Pamphlet: „Wider die räuberischen und mörderischen Rotten der Bauern". Unter dem Herzog von Bayern formierte sich nun die Reaktion und rieb die Bauernheere am 15. Mai 1525 in der Schlacht bei Bad Frankenhausen auf grausame Weise auf. Nach dem Massaker an etwa 5.000 aufständischen Bauern verlor die Reformation ihren Charakter als Volksbewegung.

27. Juni 1525: Heirat mit Katharina von Bora

Mit der Heirat der 1523 aus dem Kloster Nimbschen entflohenen Nonne Katharina von Bora richtete Luther auch im Bereich der Familie die gesellschaftlichen Normen neu aus. Die Ehe mit der sechzehn Jahre jüngeren Katharina schloss Luther gegen den Ratschlag vieler Freunde. Diese befürchteten das Ende der Reformation. Selbst Melanchthon sprach von einer „unglücklichen Tat". Doch Katharina erwies sich als umsichtige Hausfrau und brachte drei Söhne und drei Töchter zur Welt. Durch die Heirat und den Zusammenzug entstand das „Pfarrhaus", das es in dieser Art bisher nicht gab. Katharina sorgte für Geldeinnahmen, um die vielen Gäste zu versorgen, die zu Besuch kamen. Sie nutzte das Braurecht, betrieb Viehzucht und baute Gemüse an. Ihr Mann führte die Neuordnung des Kirchen- und Gemeindewesens fort.

1526 und 1529: Reichstage in Speyer

Proreformatorische Reichsstände behielten sich auf dem Reichstag 1526 in Speyer die eigene Verantwortung in der Religionsfrage vor. So begannen z. B. Hessen und Sachsen mit der Einführung der Reformation in ihren Territorien (Fürstenreformation). Auf dem 2. Reichstag zu Speyer setzten die katholischen Reichsstände 1529 die Einstellung und Zurücknahme der kirchlichen Neuordnung durch. Die evangelischen Stände, bestehend aus fünf Fürstentümern und 14 Städten, legten daraufhin die Protestation zu Speyer ein. Seitdem nennt man die evangelischen Christen auch Protestanten.

1. bis 4. Oktober 1529: Marburger Religionsgespräch

Die Freiheit der Auslegung, die der Protestantismus den Gläubigen zugestand, führte zur Spaltung der reformatorischen Bewegung. Der Priester Ulrich Zwingli führte 1525 die Reformation in Zürich und in Bern ein. Er ging jedoch weiter als Luther und schaffte z. B. die deutsche Messe ab. Luther und Zwingli begegneten sich nur ein einziges Mal. In Marburg fand im Oktober 1529 die bedeutendste Theologenversammlung der Reformationszeit statt. Drei Tage lang diskutierten Luther, Zwingli, Melanchthon und andere Reformatoren über die Weiterführung der Reformation und die Handhabung des Abendmahls. Bei letzterem gab es keine Einigung. Das Ergebnis wurde in den 15 „Marburgern Artikeln" dokumentiert.

20. Juni 1530: Reichstag zu Augsburg – Augsburger Bekenntnis

Beim Reichstag zu Augsburg wollten Luthers Anhänger den protestantischen Glauben reichsrechtlich anerkennen lassen. Dazu verfasste Philipp Melanchthon das protestantische Glaubensbekenntnis „Confessio Augustana" („Augsburger Bekenntnis"), das schließlich am 25. Juni 1530 an Kaiser Karl übergeben und von ihm geduldet wurde. Als Geächteter konnte Luther wegen seiner Reichsacht nicht am Reichstag teilnehmen und unterstützte seine Anhänger von der Feste Coburg aus.

24. Februar 1537: Schmalkaldische Artikel

Da sich Luthers Gesundheitszustand stark verschlechterte, rechneten seine Anhänger mit dem baldigen Tod und befürchteten weiteren Streit um Glaubensgrundsätze. Deshalb forderte Kurfürst Johann Friedrich Luther auf, seine Lehre verbindlich aufzuschreiben. Am 24. Februar 1537 wurde das Dokument in Schmalkalden unterzeichnet. Die „Schmalkaldischen Artikel" gelten als Luthers geistiges Testament und sind neben dem Kleinen und Großen Katechismus seine einzige Bekenntnisschrift.

25. Mai 1539:
Einführung der Reformation in Sachsen

1536 bekannte sich Heinrich der Fromme, Herzog von Sachsen, zur Lehre Luthers. Am Neujahrstag 1537 wurde im Freiberger Dom das Abendmahl zum ersten Mal auf lutherische Weise gereicht. Im Jahr 1539 übernahm Heinrich von seinem älteren Bruder Georg dem Bärtigen – einem Feind Luthers – die Herrschaft des Herzogtums. Unter seiner Regierung wurde der Protestantismus in Sachsen Staatsreligion. Am 25. Mai 1539 fand in der Thomaskirche in Leipzig unter Anwesenheit Martin Luthers die Einführungsfeier der Reformation statt. Berichte erzählen davon, dass Menschenmassen sogar Leitern an die Kirchenmauern stellten und die Fenster eindrückten, um den Reformator zu hören.

18. Februar 1546: Luthers Tod

Am 18. Februar 1546 starb der große Reformator in Eisleben. Trotz eines Herzleidens war er im Januar 1546 über Halle nach Eisleben gereist, um einen Streit der Grafen von Mansfeld zu schlichten. Sein Leichnam wurde nach Wittenberg überführt. Am 22. Februar 1546 erfolgte die Beisetzung Luthers in der Schlosskirche. Nur ein paar Meter von seinem Grab entfernt fand 1560 sein Freund Melanchthon die letzte Ruhestätte.

1546/1547: Schmalkaldischer Krieg

Nach Luthers Tod kam es zum Krieg zwischen Kaiser Karl V. und dem „Schmalkaldischen Bund", einem Bündnis protestantischer Landesfürsten und Städte unter der Führung von Kursachsen und Hessen. Der Kaiser versuchte, den Protestantismus im Heiligen Römischen Reich zurückzudrängen. In der Schlacht bei Mühlberg besiegte er am 24. April 1547 die Truppen des Schmalkaldisches Bundes, der sich daraufhin auflöste. Die „Wittenberger Kapitulation" beendete am 19. Mai 1547 den Schmalkaldischen Krieg.

25. September 1555:
Augsburger Reichs- und Religionsfrieden

Auf dem Reichstag zu Augsburg wurde ein Reichsgesetz beschlossen, das den Landesfürsten endgültig das Recht gab, auf ihrem Territorium die Konfession zu bestimmen. Die Herrscher entschieden somit für ihre Untertanen, denen nur die Auswanderung blieb, wenn sie den Glauben des Herrschers nicht annahmen („Cuius regio, eius religio" – übersetzt: „wessen Gebiet, dessen Religion"). Der Krieg zwischen Katholiken und Lutheranern war beendet.

TOURISTINFORMATION
Bad Düben – im Naturparkhaus/Burg Düben
Neuhofstraße 3A, 04849 Bad Düben
Tel.: 034243 52886
www.bad-dueben.de

Rathaus in Bad Düben

Bad Düben – Kurbad am Lutherweg

Nördlich der Mulde erhebt sich die im 9. Jahrhundert erbaute Burg Düben. Der Kurort Bad Düben ist besonders durch sein Moorheilbad bekannt und gilt als südliches Tor des Naturparks Dübener Heide, der sich im Norden bis Wittenberg an der Elbe erstreckt. Heide- und Moorlandschaft bieten hier noch Bibern eine natürliche Heimat und Urlaubern Wander- und Wellnessziele.

Viele Reformatoren, einschließlich Martin Luther, waren häufig auf der Durchreise in Richtung Leipzig hier zu Gast. Ebenso reiste Katharina von Bora auf diesem Weg zu ihrem Gut in Zöllsdorf bei Neukieritzsch (s. Station 23). Die Kohlhaasschen Händel stehen in enger Beziehung zur Burg Düben. Der Kaufmann Hans Kohlhase wurde von Günther von Zaschwitz, der im benachbarten Ort Schnaditz lebte, betrogen.

Kohlhase wandte sich an Martin Luther und bat diesen um Unterstützung. Luther riet dem Geschädigten, nicht um sein Recht zu kämpfen und den Frieden zu wahren.

Napoleon Bonaparte gab 1813 vom Hauptquartier auf der Burg wichtige Befehle vor der Völkerschlacht bei Leipzig.

📷 Sehenswertes

Rathausuhr

- **Landschaftsmuseum** der Dübener Heide auf der Burg Düben.
  www.museumburgdueben.de
- **Historische Altstadt** mit schmucken Bürgernhäusern.
- **Stadtkirche St. Nikolai** mit 63 Meter hohem Turm: Ende des 12. Jahrhunderts von hier ansässigen Niederländern erbaut, 1816 innen klassizistisch gestaltet.
- Evangelisches Schulzentrum
- Kur-, Gesundheits-, Wellness- und Veranstaltungszentrum sowie Familienbad.
- **HEIDE SPA**, Moorerlebnisgarten mit Wissenswertem über die Entstehung, den Abbau und die Aufbereitung von Mooren.
  www.heidespa.de
- **Historischer Kurpark** – ab 1849 gestaltet.
- **Museumsdorf Dübener Heide**
- **Obermühle:** historische Wassermühle, um 1500 erstmals erwähnt; Backofen, Bauerngarten, Feldscheune, Kleinkunstbühne.
  www.obermuehle-bad-dueben.de
- **Kur-Stadt-Weg** reicht über rund 600 Meter von der Reha-Klinik bis zum Markt und Paradeplatz.
- **Artesischer Brunnen** in der Pfarrhäuser Straße.

Stadtkirche St. Nikolai

✦ Wegbegleiter – Ortsgeschichte

Die Stadt Kemberg, ca. 20 Kilometer nördlich von Bad Düben, liegt am Lutherweg Sachsen-Anhalt. Hier wurde die Reformation 1522 eingeführt, jedoch bereits 1521 hatte der evangelische Geistliche und enge Vertraute Luthers, Bartholomäus Bernhardi, als erster den Zölibat durchbrochen und geheiratet.

Um 1517 sollen im Garten der Propstei Martin Luther und Philipp Melanchthon über Thesen gegen den Ablasseintreiber Johann Tetzel gesprochen haben.

Marktplatz

Burg Düben mit Landschaftsmuseum

GEMEINDEVERWALTUNG DREIHEIDE
Schulstraße 4, 04860 Süptitz
Tel.: 03421 72170
www.dreiheide.de

Romanische Kirche in Süptitz

Dreiheide – Idylle am Rande der Dübener Heide

Am Südrand der Dübener Heide liegt die Gemeinde Dreiheide mit den Ortsteilen Großwig, Weidenhain und Süptitz. Entlang des Torgischen Weges, der den Elberad- und den Muldenradwanderweg verbindet, finden Wanderer eine reizvolle Landschaft mit idyllischen Wäldern, die reich an wertvollen historischen Stätten ist.

Seit dem 13. Jahrhundert ist Weinanbau in der Gegend nachzuweisen, von dem auch noch im 16. Jahrhundert getrunken wurde. Martin Luther besuchte 1529 zu einer Kirchenvisitation den Ort, und 1535 stattete er der im 13. Jahrhundert als romanische Saalkirche errichteten St.-Marien-Kirche Süptitz bei der

Durchreise nach Torgau einen weiteren Besuch ab. Im 30-jährigen Krieg wurde der Ort schwer verwüstet.

📷 Sehenswertes

Kirche in Süptitz – Innenansicht

- **Heimatstube** in der Gemeindeverwaltung (geöffnet montags bis freitags); u. a. historische ländliche Arbeitsgeräte und Schlacht-Diorama von 1760 mit 1.630 Zinnsoldaten auf den Süptitzer Höhen.
- **Denkmal „Süptitzer Höhen"** und Aussichtsturm – gewidmet der größten Massenschlacht des Siebenjährigen Krieges von 1760 zwischen Österreich und Preußen mit über 17.000 Gefallenen.
- **Stausee** und Abenteuerspielplatz, Naturbad Großwig.
- **Kirche Großwig** in Form einer romanischen Basilika mit Freskomalereien.
- **St.-Martins-Kirche Weidenhain**: im 13. Jahrhundert als Wehr- und Friedhofskirche aus in der Nähe gebrochenem Raseneisenstein gebaut; romanische Gesamtanlage in Basilikaform mit frühgotischer Innenausstattung.

Grabsteine vor der Süptitzer Kirche

🚶 Ortsgeschichte

Ein großer Gönner Martin Luthers war der ernestinische Kurfürst Johann Friedrich I., der Großmütige von Sachsen (1503–1554). Er war als Führer des Schmalkaldischen Bundes nach der Niederlage im Schmalkaldischen Krieg in Gefangenschaft geraten und zum Tode verurteilt worden. Doch nach fünf Jahren Haft 1552 war er wieder frei. Zu den Gesten des Kurfürsten gehörte es, dass er Luther gelegentlich Süptitzer Wein schickte, den Luther wohl schon beim Besuch der Süptitzer Kirche 1535 kennengelernt hatte. So erhielt der Reformator im Oktober 1543 in Wittenberg ein Fass alten Weines und ein Fass heurigen Mostes. Zu einer Geschenksendung, zu der neben Trinkbarem auch ein Schock Karpfen (60 Stück) und drei Hechte gehörten, meinte Luther: „Es ist auf einmal zu viel, wäre genug ein Stück von jedem gewesen."

Gemeindeverwaltung – Sitz der Heimatstube

Süptitzer Wein – Gemeindefest

3 • Torgau

TOURISTINFO
TIC – Torgau-Informations-Center
Markt 1, 04860 Torgau
Tel.: 03421 70140
www.tic-torgau.de

Blick auf Schloss Hartenfels

Torgau – Die Amme der Reformation

Die Stadt Torgau an der Elbe ist der Verwaltungssitz des Landkreises Nordsachsen und beeindruckt mit vielen Baudenkmälern aus der Renaissance. Bereits um das Jahr 1456, als die Wettiner zu den mächtigsten deutschen Fürsten zählten, errichteten sie hier neben Leipzig und Wittenberg eine ihrer Residenzen. In dieser Zeit begann der Bau des Schlosses Hartenfels

auf dem Plateau über der Elbe, über das Kaiser Karl V. sagte „Ein wahrhaft kaiserliches Schloss!" Nach der Leipziger Teilung 1485 residierte hier die ernestinische Linie des Fürstengeschlechts. Mit Luthers „Thesen wider den Ablasshandel" wurde Wittenberg die „Mutter der Reformation", während Torgau im Laufe der Geschichte den Beinamen „Amme der Reformation" erhielt, da hier grundlegende Entscheidungen getroffen und bedeutende Schriften des Protestantismus verfasst wurden.

⊙ Sehenswertes

Auf dem Museumspfad entdeckt man das Stadt- und Kulturgeschichtliche Museum Torgau im Gebäude der ehemaligen Kurfürstlichen Kanzlei, das Braumuseum, ein Historisches Handwerkerhaus sowie das „Bürgermeister-Ringenhain-Haus", in dem hochwertige Decken- und Wandmalereien des 16./17. Jahrhunderts erhalten geblieben sind.
www.museum-torgau.de

- **Schloss Hartenfels** mit Wendelstein und „Schönem Erker".
  www.schloss-hartenfels.de
- **Gastliche Stätte** im Schloss Hartenfels.
  www.herrkaethe-torgau.de

Schloss Hartenfels – Großer Wendelstein

⊛ Ortsgeschichte

Nach der Trennung vom katholischen Glauben 1523 wurde in einem Seitenflügel des Schlosses der erste protestantische Kirchenneubau 1544 mit einer Predigt Martin Luthers eröffnet, die von Gesang begleitet wurde. Hier wirkte der „evangelische Urkantor" Johann Walter, enger Freund von Martin Luther, der maßgeblich die Kirchenmusik der Reformationszeit prägte und das erste mehrstimmige Kirchengesangbuch schuf. Die erste evangelische Predigt war bereits 1520 in der Nikolaikirche gehalten und die Reformation 1522 in Torgau eingeführt worden.

Schlosskapelle

Grabdetail Katharina von Bora in St. Marien

1526 bekannten sich die der Reformation zustimmenden Landesherren zum Torgauer Bund für die Verteidigung der Glaubensfreiheit. Die Reformatoren Luther, Melanchthon, Jonas und Bugenhagen erarbeiteten in der Superintendentur der Stadt 1530 die Torgauer Artikel als Grundlage für die Augsburger Konfession als die zentrale Bekenntnisschrift der lutherischen Kirchen. So wurde Torgau zum politischen Zentrum der Reformation.

Auch in Luthers Familiengeschichte spielt die Stadt Torgau eine Rolle. Er weilte rd. 40-mal in der Stadt, seine Ehefrau Katharina von Bora starb 1552 in Torgau, rund 50 Kilometer entfernt von ihrem Zuhause Wittenberg, und wurde in der Kirche St. Marien beigesetzt. Katharinas Sterbehaus beherbergt eine Gedenkstätte mit einem kleinen Museum.

Die Alte Superintendentur, die seit 1529 auf Anregung Martin Luthers als Zentrum der kirchlichen Verwaltung genutzt wurde, beherbergt seit 2003 das Evangelische Jugendbildungsprojekt „Wintergrüne".
www.wintergruene.de

Marktplatz mit Renaissance-Rathaus

Stadtkirche St. Marien

FREMDENVERKEHRSAMT SCHILDAU
Markt 1, 04889 Belgern-Schildau
Tel.: 034221 50731
www.belgernschildau.de

Schildbürgerbrunnen

Belgern-Schildau – Feldherr und Schildbürgerstreiche

Seit 2013 ist die ehem. Gneisenaustadt Schildau ein Ortsteil von Belgern, das rund 20 Kilometer entfernt an der Elbe liegt. Schildau am Nordrand des Landschaftsschutzgebietes Dahlener Heide wurde 1170 erstmals urkundlich erwähnt. Neidhardt von Gneisenau, der unter General Blücher im Kampf gegen die napoleonische Fremdherrschaft Ruhm erwarb, wurde hier geboren.

Der Amtshauptmann zu Sitzenroda, Friedrich von Schönberg, der am kursächsischen Hof ein hohes Amt bekleidete, verfasste unter Pseudonym das Buch über die Schildbürgerstreiche, das den Ort zwar bekannt machte, aber zur damaligen Zeit vor allem gegen das aufstrebende Bürgertum gerichtet war.

📷 Sehenswertes

- **Marienkirche**: erbaut um 1170 in Gestalt einer dreistufigen Basilika, Schnitzaltar mit Lutherdarstellung; im Kirchgarten steht der älteste Maulbeerbaum Deutschlands – 1518 gepflanzt.
- **Naturbad** am Neumühlenteich.
- **Kirche St. Bartholomäus** in Belgern.
  www.bartholomaeus-belgern.de
- **Elbfähre Belgern**
  www.fähre-belgern.de
- Der **Schildberg** ist mit seinen 216 Metern die zweithöchste Erhebung des Landkreises Nordsachsen.
- Die bekanntesten „Schildbürgerstreiche" werden auf 12 Bildtafeln an den „Original-schauplätzen" gezeigt.
- **Museum der Schildbürger**
  schildbuergermuseum.jimdo.com
- **Markt** mit Gneisenau-Denkmal: errichtet anlässlich des 200. Geburtstages des berühmten Sohnes der Stadt (1760–1830).
- **Pferdesport-Arena Schildau**
  www.pferdesport-arena.de

Pfarrkirche St. Marien zu Schildau – davor steht der älteste Maulbeerbaum Deutschlands (1518 gepflanzt)

Rathaus und Gneisenau-Denkmal

🚶 Wegbegleiter – Ortsgeschichte

Der Weg Luthers von Torgau Richtung Süden war für den Reformator ab 1521 ein stetes Wagnis. Nach der Verhängung der Reichsacht über ihn war er nur auf den ernestinischen Gebieten sicher. Daher musste er Leipzig meiden und konnte nur über Schildau nach Grimma gelangen. Aber auch hier betrat er zwischen Frauwalde und Schildau ein kurzes Stück herzogliches Territorium.

Schildbürgerpfad

Museum der Schildbürger

Wie die Schildbürger Licht ins Rathaus brachten

Beim Bau ihres dreieckigen Rathauses hatten die Schildbürger nämlich die Fenster vergessen. Deshalb war das Haus im Innern finster. Als Ratstag war, erschien jeder Schildbürger mit einem brennenden Kienspan auf dem Hut, denn jeder sollte in dem neu erbauten Rathaus auch jeden sehen können. Die Schildbürger beschlossen, das Licht der Mittagssonne mit Schaufeln und Gabeln in Säcke, Töpfe und Körbe zu füllen und in das Rathaus hineinzutragen. Einer wollte den Tag sogar mit einer Mausefalle fangen ... Aber alles ohne Erfolg – es blieb finster!

TOURIST-INFORMATION WURZEN
Domgasse 2, 04808 Wurzen
Tel.: 03425 926000
www.wurzen.de,
www.tourismus-wurzen.de,
www.kultur-wurzen.de

Schloss Wurzen

Wurzen – Ringelnatzstadt punktet mit reicher Historie

Die Muldestadt Wurzen wurde 961 erstmals urkundlich erwähnt und ist damit eine der ältesten Städte Sachsens. Wurzen gehörte zum Stiftsgebiet der Bischöfe von Meißen, daher residierten sie seit dem 12. Jahrhundert zeitweilig in der Stadt. Sie ließen den romanischen Dom erbauen, der einer der ältesten Sakralbauten des Freistaates ist. Der Bischof Johann von Saalhausen

begann 1491 mit der Errichtung des spätgotischen Schlosses, in dem die Bischöfe bis 1581 residierten. Die Reformation konnte sich in der Stadt nach der Beilegung der Wurzener Fehde 1542 rasch entfalten.

Berühmtester Sohn der Stadt ist der Schriftsteller und Kabarettist Joachim Ringelnatz (1883–1934, geb. als Hans Gustav Bötticher), der den

Dom St. Marien

Kreuzigungsgruppe von Georg Wrba im Dom

Seemannsausdruck für das Seepferdchen als Künstlernamen gewählt hatte und einem Haupthelden seiner humoristischen Texte, dem Seemann Kuttel Daddeldu zu Berühmtheit verhalf.

⊙ Sehenswertes

- **Bischofssitz** mit spätgotischem Schloss und Dom St. Marien; beeindruckende Kreuzigungsgruppe des Künstlers Prof. Georg Wrba im Dom.
  www.schloss-wurzen.de
- **Kulturhistorisches Museum**
- **Ringelnatzbrunnen** auf dem Marktplatz.
- **Joachim-Ringelnatz-Geburtshaus** Crostigall 14
- **Posttor** am Crostigall mit Herren- und Gesindehaus und Remisen der ehem. Kursächsischen Posthalterei von 1696.
- **Stadtpark** aus der Gründerzeit.
- **Ringelnatzspielplätze** (Bürgermeister-Schmidt-Platz und Wenceslaigasse)

⊛ Wegbegleiter – Ortsgeschichte

Über Wurzen wurde nach der Leipziger Teilung (1485) die Schutzherrschaft durch beide Linien des Hauses Wettin – die Albertiner und die Ernestiner – ausgeübt. Zum Konflikt kam es, als man sich über die Verwendung dort eingetriebener Steuergelder und die Finanzierung der Türkenkriege (Türkensteuer) uneins war. Der Landgraf Philipp von Hessen bat Martin Luther um Unterstützung bei der Streitschlichtung. Und als sich die Situation zwischen dem Kurfürst Johann Friedrich und dem Herzog Moritz zuspitzte, ermahnte Martin Luther beide Herrscher in einem

Schreiben an ihre vorrangige Pflicht, sich für den Frieden einzusetzen. Im März waren auf Befehl des Kurfürsten Johann Friedrich Torgauer Geharnischte eingezogen. Dem Landgraf Philipp von Hessen gelang es, den Streit zu schlichten. Die Geharnischten zogen in der Osterzeit ab, wurden von den Wurzenern mit Osterfladen beschenkt, so dass das Ereignis als „Fladenkrieg" in die Geschichte einging.

Luther-Denkmal vor dem Dom St. Marien

Dom St. Marien – Luther-Relief

Museum mit Ringelnatzsammlung

Altstadt und Liegenbank

Marktplatz in Wurzen mit Altem Rathaus und Ringelnatzbrunnen

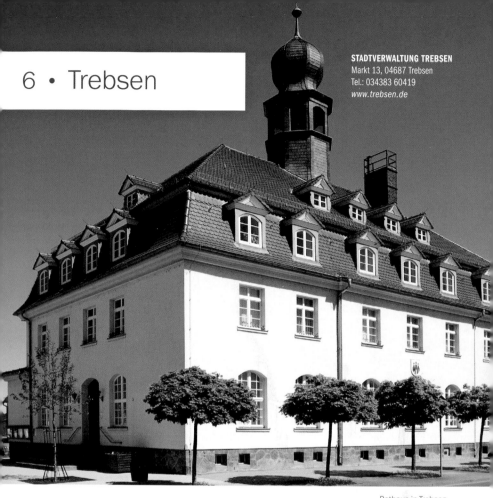

STADTVERWALTUNG TREBSEN
Markt 13, 04687 Trebsen
Tel.: 034383 60419
www.trebsen.de

Rathaus in Trebsen

Trebsen – Idylle und Historie im Muldetal

Die heutige Kleinstadt Trebsen, zwischen Grimma und Wurzen im Muldetal gelegen, wurde 1161 gegründet. Die strategisch günstige Lage an einer Flussquerung hatte jedoch schon vorher zu Ansiedlungen geführt, denn urkundlich belegt bestand 991 ein Adelssitz. Beeindruckend ist das Schloss, dessen Vorgängerbauten einst als Verteidigungsanlagen dienten und auf

dem noch teilweise vorhandenen bis zu 50 Meter hohen Bergfried über der Mulde thronten. Um 1511 übernimmt Familie von Minckwitz den Komplex. Nach verschiedenen Umbauten über die Jahrhunderte erhielt er sein heutiges imposantes Erscheinungsbild. Allerdings gab es Ende des 20. Jahrhunderts beträchtliche Verfallserscheinungen, und einem engagierten Förderverein ist eine Rettung und Nutzungsmöglichkeit des Baudenkmales zu verdanken.

◎ Sehenswertes

Stadtkirche Trebsen

- **Evangelisch-lutherische Stadtkirche:** Deckengemälde von 1701 – Himmelfahrt des Elia – vom Trebsener Maler Johann Nikolaus Wilke; Orgel der Firma Eule aus Bautzen von 1926; barocke Zwiebelhaube auf dem Turm ersetzt seit einem Brand die ehemals hohe Spitze.
- **Schloss Trebsen:** auffallend sind die spätgotischen Staffelgiebel, eine Besonderheit bilden die Diamantgewölbe im Untergeschoss, die für festliche Veranstaltungen genutzt werden; Gastronomie und Standesamt im Schloss.

☉ Wegbegleiter – Ortsgeschichte

Stadtkirche Trebsen – Deckengemälde von 1701 (Himmelfahrt des Elia)

Martin Luther kam mit der Adelsfamilie von Minckwitz in Kontakt, die sich alsbald für die Gedanken der Reformation begeisterte. So unterstützten sie die Bewegung u. a. dadurch, dass bereits in den frühen Reformationsjahren 1521 der erste evangelische Pfarrer Caspar Zeuner die Trebsener Kirchgemeinde betreute. Protagonisten der Familie waren die Söhne des kurfürstlichen Kammerherren Hans von Minckwitz, Nikel, Hans der Mittlere und Abraham. Obwohl sich die Familie von Minckwitz, die über sieben Ortschaften im Umkreis mit allen dazu gehörenden Gütern bestimmte, zur mächtigsten Adelsfamilie im Amt Grimma entwickelte, musste sie 1540 das Schloss wegen hoher Verschuldung wieder verkaufen.

Schloss Trebsen

Pfingst-Ritter-Spiele auf Schloss Trebsen

TOURIST-INFORMATION
Kulturbetrieb Grimma - Stadtinformation
Markt 23, 04668 Grimma
Tel.: 03437 9858-285
www.grimma.de

7 • Grimma

Klosterkirche und Gymnasium St. Augustin

Grimma – Perle des Muldetals

Das landschaftlich reizvoll im Tal der Vereinigten Mulde gelegene Grimma, 1200 erstmals urkundlich erwähnt, liegt im Landkreis Leipzig. Die Große Kreisstadt besitzt durch zahlreiche Eingemeindungen 64 Ortsteile mit einer Vielzahl denkmalgeschützter Gebäude und Sakralbauten.

In der historischen Altstadt gibt es Baudenkmäler aus unterschiedlichen Epochen. Mit einer Länge von 750 mal 500 Metern entlang der Mulde ist sie nach Leipzig die größte Altstadt im Direktionsbezirk Leipzig.

Von der Altstadt kann man mit der Muldenschifffahrt flussaufwärts bis nach Nimbschen fahren, die Klosterruine besichtigen, in der Klosterschänke einkehren und mit der Fähre nach Höfgen übersetzen.

Kloster Nimbschen

Für die Reformationsbewegung hat das nahe bei Grimma gelegene Kloster Nimbschen (heute Ruine) symbolische Bedeutung, da 1523 neun Nonnen, darunter Katharina von Bora, aus dem Kloster flohen und sich nach Wittenberg unter den Schutz des Reformators Martin Luther begaben.

Martin Luther selbst weilte mehrmals im Grimmaer Kloster der Augustiner Chorherren und predigte in der Kloster- und der Nicolaikirche.

Rathaus und Eva-Brunnen auf dem Markt

📷 Sehenswertes

- Renaissance-**Rathaus** am Markt.
- **Klosterkirche St. Augustin:** jetzt Ausstellungs-, Konzert- und Kulturhalle.
- **Gymnasium St. Augustin:** 1550 unter Moritz von Sachsen als eine von drei Landesschulen durch Umwandlung der Klosteranlage der Augustinereremiten gegründet.
- „**Pöppelmannbrücke",** 1716–1719 nach Entwürfen des Sächsischen Landbaumeisters unter „August dem Starken", Matthäus Daniel Pöppelmann (Dresdner Zwinger), errichtet, 2002 beim Hochwasser zerstört, seit 2012 wieder begehbar.
- Ehemalige **Druckerei „Seume-Haus"** (ältestes Renaissancehaus am Markt).
- **Hängebrücke:** 1925 als Fußgängerbrücke erbaut, ist mit 80 Metern die längste Tragseilbrücke in Sachsen und verbindet Grimma an der Gattersburg mit dem Stadtwald/Weg nach Höfgen.
- **Rathausgalerie** mit wechselnden Ausstellungen.
- **Jutta-Park**, 1900 im englischen Stil angelegt, mit Bismarckturm (Aussichtspunkt), gilt als „Ort der Ruhe".

Hotel Kloster Nimbschen

- **Schloss Grimma:** jetzt Justizzentrum.
- **Kreismuseum**
- **„Stadtgut"** – ein Barockhaus am Markt.
- **Frauenkirche** mit mächtiger Westfrontseite aus dem 12. Jahrhundert.
- **Friedhofskirche Zum heiligen Kreuz** mit Altar von 1519 der 1888 abgerissenen Nicolaikirche.

Frauenkirche

✪ Wegbegleiter – Ortsgeschichte

Martin Luther, der die Ehe als etwas „Gottgewolltes" predigte, war selbst nicht gerade heiratswillig. Doch als er half, die neun aus dem Kloster Nimbschen geflohenen Nonnen zu verheiraten, fiel ihm eine, Ave von Schönfeld, ins Auge. Da er sich jedoch nicht entscheiden konnte, nahm sie einen Arzt zum Gemahl. Die letzte der Nonnen war Katharina von Bora, die sich für keinen Mann entscheiden wollte, bis sie eines Tages Luther ihre Zuneigung gestand. Nach reiflicher Überlegung heiratete der 42-jährige Junggeselle die 26-jährige Katharina 1525 im engsten Kreis. Einige Tage später schrieb er einem Freund: „Denn ich empfinde nicht hitzige Liebe oder Leidenschaft für meine Frau, aber ich habe sie sehr gern." Bereits ein Jahr später schrieb er seinem Freund Georg Spalatin, dass er ein glücklicher Ehemann sei und bezeichnete seine Katharina als beste Frau und geliebtes Weib. Ihr war es sogar gelungen, dass er sein negatives Bild von Frauen korrigierte. Für ihre Sorge um ihn sowie Haus und Hof nannte er sie liebevoll „Herr Käthe". Aus ihrer Verbindung gingen sechs Kinder hervor und begründeten den noch in der Gegenwart wachsenden Stammbaum der „Lutheriden".

Göschenhaus

Pöppelmannbrücke mit Wappenstein

TOURIST-INFORMATION COLDITZ
Markt 11, 04680 Colditz
Tel.: 034381 43519
www.touristinfo-colditz.de

Blick auf Schloss Colditz

Colditz – Einst Porzellanstadt – jetzt beliebtes Ausflugsziel

Als slawische Siedlung erstmals 1046 urkundlich erwähnt, entwickelte sich im 12. Jahrhundert eine Kaufmannssiedlung. Als Stadt Colditz wurde der Ort 1265 in die Markgrafschaft Meißen eingegliedert. Die sächsische Stadt liegt an der Zwickauer Mulde, die sich im Ortsteil Sermuth mit der Freiberger Mulde vereint.

Das Renaissance-Schloss, das sich auf einer Erhebung direkt im Stadtzentrum befindet, erlangte insbesondere im Zweiten Weltkrieg Bekanntheit. Nachdem es bereits 1933/34 als Konzentrationslager gedient hatte, befand sich hier 1940 bis 1945 ein Gefangenenlager für alliierte Offiziere.

Colditzer Ton wurde bei der Herstellung des Meißener Porzellans eingesetzt, ab 1804 wurde Steingut gefertigt, ab 1958 Porzellan für Hotellerie und Gastronomie mit dem Herstellerlogo

„cp". Nach 1990 wurde das Porzellanwerk geschlossen.

📷 Sehenswertes

* **Schloss Colditz:** Museum zum Gefangenenlager für Offiziere der westlichen Alliierten (Oflag IVc) im Schloss.
  www.schloss-colditz.com
* Dentalhistorisches **Museum Zschadraß**
  www.dentalmuseum.eu
* **Stadtkirche „St. Egidien":** gehört als größte Kirche zur Stadtsilhouette; bereits 1286 urkundlich erwähnt.
* **Bergkirche Schönbach:** erbaut von 1806 bis 1814.
* **„St.-Marien-Kirche" im OT Lastau:** seit 1025 Jahren Gemeindeleben.
* 20 Meter hoher **Heimatturm** auf dem Töpelsberg mit Aussichtsplattform.

Blick vom Lutherweg in Sachsen zum Schloss Colditz – Zwickauer Mulde

Stadtkirche St. Egidien

✸ Wegbegleiter – Ortsgeschichte

Wenzeslaus Linck, 1483 als Sohn eines Ratsherrn in Colditz geboren, traf früh mit Luther zusammen. Er unterstützte ihn mit Materialien bei der Disputation mit Johannes Eck in Leipzig und beim Verhör durch Kardinal Thomas Cajetan. Als er 1520 die Führung des deutschen Augustinerordens übernommen hatte und Luther unter Bann gestellt wurde, hielt er jedoch zum Reformator. Als Pfarrer in Altenburg brachte er dem Volke „den geistlichen Verstand des Evangeliums" nahe. 1523 traute Luther seinen Freund mit der Tochter eines Altenburger Juristen. In der Vorhalle der St.-Egidien-Kirche wird durch eine Gedenktafel an ihn erinnert.

Blick vom Markt zum Schloss

Rathaus zu Colditz

STADTVERWALTUNG MÜGELN
Markt 1, 04769 Mügeln
Tel.: 034362 41011
www.stadt-muegeln.de

Blick vom Markt zur Johanniskirche

Mügeln – Geoportal mit Gleisanschluss

Die Kleinstadt Mügeln liegt im Südosten des Landkreises Nordsachsen und gehörte wie Wurzen zum Stiftsgebiet der Meißner Bischöfe. Erste Besiedlungsspuren reichen in die Zeit um 900 v. Chr. zurück. Die Stadt Mügeln wird in Urkunden aus dem Jahr 954 erstmals benannt. Heute liegt sie im Herzen des „Sächsischen Obstlandes". Der Wermsdorfer Forst mit seiner Teichlandschaft grenzt im Norden an Mügeln und reicht bis an die Dahlener Heide. Von weitem erkennt man den Collmberg, die höchste Erhebung in Nordsachsen.

1885 wurde die Döllnitzbahn „Wilder Robert" entlang des gleichnamigen Flüsschens von Oschatz bis Glossen über Mügeln gebaut. Sie transportierte Kaolin und landwirtschaftliche

Marktplatz und Rathaus

Produkte. Hier befand sich einst der größte Schmalspurbahnhof Europas. Gleisanlagen und Gebäude sind noch vorhanden. Im zukünftigen Geoportal wird dargestellt, wie die Kaolinvorkommen um Mügeln als „Land der weißen Erde" im größten mitteleuropäischen Vulkangebiet entstanden. Reizvoll ist eine romantische Fahrt „unter Dampf" entlang der Döllnitz.

⊙ Sehenswertes

- **Dorfkirche St. Marien Altmügeln:** gotisches Bauwerk, ehem. Wallfahrtskirche mit hölzerner Kassettendecke mit 36 Szenen aus dem Neuen Testament.
- **Sankt Johannis in Mügeln:** spätgotische Stadtkirche am Markt als eine bedeutende Stätte der Kirchenmusik.
- **Martin-Luther-Kirche** in Sornzig
- **Kirche zu Ablaß**
- **Heimatmuseum**
  www.heimatmuseum-muegeln.de

- **Sankt Andreas** im einstigen Rittergut Schweta, ca. zwei Kilometer östlich: barocke Rundkirche, 1751 unter Einfluss George Bährs (Architekt der Frauenkirche Dresden) errichtet.
- **Schloss Ruhethal:** 1261 erbaut, bis 1596 Ruhesitz der Bischöfe zu Meißen, Rundturm mit Gewölbezimmer für Veranstaltungen.
  www.schloss-ruhethal.de
- **Nationaler Geopark Porphyrland**
  www.geopark-porphyrland.de

✈ Wegbegleiter – Ortsgeschichte

Bis zum protestantischen Übertritt des letzten
Bischofs in der Reformationszeit unterstand
Mügeln dem Bistum Meißen. Der letzte amtie-
rende Bischof Johann IX. von Haugwitz gab die
Administration über die letzten verbliebenen katholischen Gebiete 1559 ab. 1581 verzichtete
er auf sein Bischofsamt und trat zum protestantischen Glauben über. Ein Jahr später heiratete
er seine beträchtlich jüngere Nichte Agnes, die
nach seinem Tod 1595 in Mügeln Erbin des bi-
schöflichen Vermögens wurde. Das 1241 ge-
gründete Nonnenkloster „Marienthal" in Sornzig vor den Toren der Stadt gilt als Nukleus der
Obstbautradition in der Region. Dieses Erbe
wird heute erfolgreich von der Obstland Dürrweitzschen AG fortgesetzt.

Schloss Ruhetal

Innenansicht der Johanniskirche

GÄSTEAMT LEISNIG
Kirchstraße 15, 04703 Leisnig
Tel.: 034321 637090
www.leisnig.de

Freiberger Mulde bei Leisnig

Leisnig – Am Anfang war die Burg

An der Freiberger Mulde, auf halbem Weg zwischen Grimma und Döbeln liegt Leisnig. Die Kleinstadt wurde urkundlich erstmals 1046 erwähnt und verdankt ihre Entstehung der Burg Mildenstein, die heute zur Stadt gehört und im 10. Jahrhundert als eine der ersten Burgen in Sachsen erbaut wurde.

In Leisnig fand nicht nur der Getreidemarkt für die umliegenden Dörfer statt. Dank einer nahe gelegenen Furt durch die Mulde führte durch den Ort ein Fernhandelsweg von Leipzig über Grimma, Leisnig und Waldheim nach Böhmen. In der Mitte des 16. Jahrhunderts wurde auf der Burg ein Amt eingerichtet, dessen Aufgabe das Eintreiben der Abgaben für den kurfürstlichen Hof war. Das sollte eine bessere Verwaltung des damals wirtschaftlich starken Kursachsen ermöglichen.

📷 Sehenswertes

- **Historische Altstadt** mit reizvollen Blick-
  beziehungen und unterschiedlichen Höhen-
  lagen von Gassen und Straßen.
- **Stadtgut Leisnig** mit Dauerausstellung zur
  Leisniger Kastenordnung und Kirchenmusik,
  2013 anlässlich des 530. Geburtstages
  von Martin Luther eröffnet.
- **Stiefelmuseum** (Burglehn 9): zur
  950-Jahrfeier Leisnigs 1996 wurde der
  größte Stulpenstiefel der Welt („Schuh-
  größe" 330: 4,90 Meter hoch, 439 Kilo-
  gramm) von zwei Leisniger Schuhmacher-
  meistern und vielen Helfern angefertigt
  („Guinnessbuch der Rekorde" 1997).
- **Kirche St. Matthäi:** nach dem Stadtbrand
  von 1444 wurde anstelle der zerstörten
  romanischen Kirche die heutige Stadtkirche
  Sankt Matthäi 1460–1484 errichtet.
- **St. Nicolai** – Friedhofskirche
  www.kirche-leisnig.de
- **Burg Mildenstein**
  www.burg-mildenstein.de

Kirche St. Matthäi

☺ Wegbegleiter – Ortsgeschichte

Auf Einladung der Leisniger Bürger weilte Luther
1522 und 1523 jeweils fünf Tage in der Stadt.
Während dieser Zeit wohnte er im Stadtgut.
Er unterstützte die Gemeinde bei wichtigen Fra-
gen des Gemeindelebens. So entstand 1523
auf Initiative der Leisniger Bürger die „Leisniger
Kastenordnung".
Sie war das Vorbild für die lutherische Soziallehre-
re und gilt als Leitbild für eine freie evangelische
Schule. Darin wird an die öffentliche Verantwortung für „den Nächsten" und die Gemeinschaft

Kirche St. Matthäi - Altar Valentin Otto 1663

Rathaus und Markt

aus dem Glauben heraus appelliert. Der „gemeine Kasten", in dem vor allem Spendengelder gesammelt werden, soll dem Allgemeinwohl und den Bedürftigen dienen. Eine Kopie des Dokumentes von 1523 wird im Stadtgut gezeigt: „Ordenung eines gemeinen Kastens. Ratschlag, wie die geistlichen Güter zu handeln sein. Martinus Luther MDXXIII." Die ersten vier Seiten umfassen Luthers Einleitung, die Kastenordnung selbst umfasst sechs Blätter.

Leisniger Kastenordnung 1523

Burg Mildenstein

Rathaus Döbeln

Döbeln – Stiefelstadt im Herzen des Freistaates Sachsen

In einem Talkessel der Freiberger Mulde im Dreieck der Großstädte Dresden, Chemnitz und Leipzig liegt die Große Kreisstadt Döbeln. Mit der ersten Erwähnung der Burg Doblin in einer Schenkungsurkunde des Kaisers Otto II. schlug ihre Geburtsstunde. Der historische Stadtkern von rd. 17 Hektar bildet faktisch eine Insel zwischen zwei Armen der Mulde, 23 Brücken und Stege führen über die Muldenarme, so dass Döbeln zu den brückenreichsten Städten des Freistaates zählt.

Der Beiname „Stiefelstadt", bezieht sich auf den 3,70 Meter hohen Stulpenstiefel, den die Schuhmacherinnung 1925 zu ihrem 600-jährigen Jubiläum anfertigte. Der imposante Jubiläums-Stiefel wird im Rathaussaal ausgestellt.

St.-Nicolai-Kirche – Schnitzaltar

Die verkehrsgünstige Lage im Zentrum Sachsens brachte Döbeln seit dem Bau der Eisenbahnstrecken Dresden-Leipzig und Chemnitz–Berlin, deren Linien sich hier kreuzen, wirtschaftliche Vorteile. Heute haben die Autobahnen 4 und 14 sowie zwei Bundesstraßen diese Rolle übernommen.

⊙ Sehenswertes

- **Stadtmuseum** und Galerie im Rathausturm, Aussichtsbalkone in 40 Metern Höhe.
- **St.-Nicolai-Kirche:** ehemals dreischiffige Basilika, 1479 Umbau zur gotischen Hallenkirche; größter erhaltener Schnitzaltar Sachsens (Tafelgemälde verm. Cranach-Schule).
- **Mirakelmann** (um 1500): seltene bewegliche, lebensgroße Skulptur aus Lindenholz, wurde als Christusfigur für Passionsspiele genutzt.
- **Lutherdenkmal vor der Kirche:** Martin Luther mit der Bibel unterm Arm steht siegesgewiss auf dem Sockel und richtet seinen Blick nach Süden in Richtung Rom.
- **Färberhäuser** unterhalb des Schlossberges (Fachwerkbauten) gehören neben Zwingergäßchen und Klosterviertel zu den ältesten Siedlungsgebieten der Stadt.
- Das **Döbelner Stadttheater** (1872 erbaut) ist neben dem Freiberger Theater seit 1993 Stammhaus der Mittelsächsischen Theater und Philharmonie gGmbH.
- **Sparkassenhaus**: Dauerausstellung mit Werken von Erich Heckel, in Döbeln geborenem Maler und Grafiker des deutschen. Expressionismus
- **Pferdebahnmuseum**
  www.doebelner-pferdebahn.de

Luther-Denkmal vor der St.-Nicolai-Kirche

Historische Häuser

☺ Wegbegleiter – Ortsgeschichte

Erste Reformatorische Bewegungen sind in der Region seit 1518 nachweisbar. Im nahegelegenen Leisnig wurde bereits evangelisch gepredigt, als 1521 Jacob Seydler nach Döbeln kam. Seydler war ein Geistlicher, der schon frühzeitig der Reformation anhing. Nachdem er trotz Eheverbotes seine Köchin geheiratet hatte, ließ ihn Herzog Georg in Stolpen inhaftieren. Auf Bitten Melanchthons wurde er bis zum Prozess entlassen und ging nach Döbeln. Als bekannt wurde, dass Seydler ein guter Prediger sei, baten ihn die Döbelner Bürger um die Abhaltung eines Gottesdienstes. Da ihm jedoch das Predigen in der noch altgläubigen Kirche untersagt war, fand die Predigt im Rathaus der Stadt statt. Infolgedessen ließ der Landesherr die Anhänger der Reformation inhaftieren und versuchte damit das Vordringen der neuen Glaubensrichtung zu unterbinden. Daher konnte erst 1539 die Reformation in Döbeln Einzug halten. Martin Luther soll noch 1545, ein Jahr vor seinem Tod, den Döbelner Pfarrer Magister Braun in sein Amt eingeführt haben.

St.-Nicolai-Kirche – Außenansicht

Pferdebahn

Johann von Staupitz – Luthers Beichtvater (r.)

Eröffnung des Lutherweges in Sachsen am 27. Mai 2015 in Döbeln: Festgottesdienst in der Nicolaikirche

12 • Waldheim

STADT- & MUSEUMSHAUS WALDHEIM
Niedermarkt 8, 04736 Waldheim
Tel.: 034327 57234
www.stadt-waldheim.de
www.museum.stadt-waldheim.de

Blick auf das idyllisch gelegene Waldheim

Waldheim – Perle des Zschopautals

Waldheim, das erstmals 1198 in Dokumenten erwähnt wurde, liegt im landschaftlich reizvollen Tal des Flusses Zschopau unterhalb der Talsperre Kriebstein. Inmitten der Stadt liegt die seit 1716 ununterbrochen als Haftanstalt genutzte Justizvollzugsanstalt, die damit das älteste Gefängnis Deutschlands ist. Ein prominenter Insasse war der Abenteuerschriftsteller Karl May. Das einstige Kloster der Augustiner-Eremiten war 1549 aufgelöst und unter der Regentschaft von Kurfürst August dem Starken in ein Zucht-, Armen- und Waisenhaus umgewandelt worden. Zwei Viadukte im Stadtbild gehören zu sechs, die auf der „Bankrottmeile" im Zschopautal existieren, denn ihr Bau brachte die private Chemnitz-Riesaer Eisenbahn-Gesellschaft Mitte des 19. Jahrhunderts in Finanznot, so dass der sächsische Staat die Bahnlinie übernahm.

📷 Sehenswertes

- **Rathaus am Niedermarkt:** 1902 im Jugendstil erbaut, das knapp vier Meter große Turmuhr-Zifferblatt galt lange Zeit als das zweitgrößte in Deutschland.
- **Marktplatz** mit Wettinbrunnen (im Jugendstil) und nachgebildeter kursächsischer Postmeilensäule.
- **Stadtkirche St. Nicolai:** 1336 auf Marktplatz, nach Stadtbrand von 1832 klassizistischer Neubau auf dem Kellerberg 1842 geweiht; Kantoreigesellschaft, 1561 gegründet.
- **Stadt- & Museumshaus** mit Dauerausstellungen zum Werk des Bildhauers Georg Kolbe und der Stadtgeschichte. Stadtinformation mit verschiedenen Führungen.
- **Strafvollzugsmuseum** und ehem. Klosterkirche in der JVA Waldheim, Besuch nur auf Anfrage.
  www.justiz.sachsen.de/jvawh
- Imposant sind die drei Viadukte an der „Bankrottmeile" der Chemnitz-Riesaer-Eisenbahn: An der Bahnstrecke in Richtung Chemnitz liegen der **Heiligenborner Viadukt** mit 210 Metern Länge und 41 Metern Höhe sowie der **Diedenhainer Viadukt** mit 153 Metern Länge und 52 Metern Höhe. Über die Zschopau Richtung Döbeln spannt sich über 270 Meter und in einer Höhe von 34 Metern der **Limmritzer Viadukt**. Die 1896 für die Papierfabrik gebaute und später auch für den Personenverkehr genutzte Eisenbahnstrecke wurde von Eisenbahnfreunden nach 2004 auf Schmalspurbreite umgebaut.
- Der 264 Meter hohe Wachberg mit Aussichtsturm (20 Meter Höhe).

Rathaus

Blick vom Markt zur Stadtkirche St. Nicolai

Rathaus – Erker-Detail

✪ Wegbegleiter – Ortsgeschichte

Die Augustinermönche des Klosters waren auch Pfarrer der Stadtkirche Waldheim. Sie hatten engen Kontakt zum Augustinerkloster in Wittenberg, dem Martin Luther angehörte. Als Vorgesetzter ihres Ordens könnte er zwischen 1515 und 1518 in Waldenburg gewesen sein. Ausschlaggebend für die Einführung der Reformation 1537 war jedoch, dass die Herrschaft Kriebstein zum Witwenbesitz von Herzogin Elisabeth von Sachsen gehörte, die auf Schloss Rochlitz residierte.

Rathaus-Fenster – Burg Kriebstein

Diedenhainer Eisenbahnviadukt

STAATLICHE SCHLÖSSER, BURGEN UND GÄRTEN GEMEINNÜTZIGE GMBH SACHSEN
Burg Kriebstein, 09648 Kriebstein
Tel.: 034327 9520
www.burg-kriebstein.eu

Burg Kriebstein

Kriebstein – Im Schutze von Sachsens schönster Ritterburg

Die Burg Kriebstein thront als „Turmburg" mit Ringwall über dem Tal der „wilden" Zschopau und gab der Gemeinde Kriebstein ihren Namen. Sie gehört zu sechs Ortsteilen, deren Verwaltungssitz Kriebethal ist. Zwei Ortsteile waren bereits im 12. Jahrhundert von deutschen Siedlern gegründet worden. Die Burg selbst wurde im 14. Jahrhundert errichtet. Als Elisabeth von Sachsen ihren Witwensitz auf Schloss Rochlitz nahm, gehörte zu ihren Liegenschaften auch die Burg Kriebstein. In den umliegenden Dörfern wurde die Reformation durch sie 1537 behutsam eingeführt.

Gut erreichbar ist Kriebstein über die Autobahnen A 4 und A 14. Die Talsperre Kriebstein ist ebenso wie die Burg ein beliebter Veranstaltungsort.

Lutherweg bei Kriebstein

📷 Sehenswertes

Burg Kriebstein: Burgmuseum, Burgkapelle, Großer Festsaal, Brunnenstube mit Burgbrunnen, Kriebsteinzimmer; seltener großer Flügelaltar (um 1520) im Rittersaal, der dem heiligen Alexius geweiht ist (im Zuge der Reformation brachten ihn die letzten vier Waldheimer Mönche mit ihrem Prior 1549 nach Kriebstein zum damaligen Burgherrn Georg von Carlowitz).
www.burg-kriebstein.eu

Burg Kriebstein – Gotische Stube

✪ Wegbegleiter – Ortsgeschichte

Einen wichtigen Einfluss auf das Bildungswesen im Zuge der Reformation hatte Georg von Carlowitz, der auf Burg Kriebstein residierte. Er gab Kurfürst Moritz von Sachsen die Anregung zur „Neuen Landesordnung", die am 21. Mai 1543 die dauerhafte Grundlage für „drei neue Schulen" als Fürsten- und Landesschulen wurde: Schulpforta (bei Naumburg, heute Sachsen-Anhalt) und St. Afra in Meißen – beide 1543 eröffnet und St. Augustin in Grimma (eröffnet 1550). Alle drei wurden in ehemaligen Klosteranlagen gegründet. Diese Einrichtungen dienen bis in die Gegenwart der Begabtenförderung.

Burg Kriebstein

Das frühere Rittergut von Christoph von Carlowitz, dem Sohn Georgs von Carlowitz, „Ehrenberg", liegt im gleichnamigen Ortsteil von Kriebstein mit rd. 500 Einwohnern auf dem Mühlenberg über der Zschopau. Nach dem Tod des Vaters hatte er die Burg Kriebstein verlassen und ab 1563 den Renaissancebau errichten lassen. 1948 wurden die Eigentümer der Familie von Einsiedel enteignet, seitdem verfiel das Schloss. In einigen Nebengebäuden wurden durch den Förderkreis „CENTRO-ARTE-MONTE-ONORE" Ateliers und ein Museum eingerichtet.

www.centro-monte-onore.de

Burgkapelle

Burg Kriebstein: Kleiner Saal der Familie Arnim

Mittelalterliches Burgfest

14 • Mittweida

STADTVERWALTUNG MITTWEIDA
Bürger- und Gästebüro
Markt 32, 09648 Mittweida
Tel.: 03727 967-0
www.mittweida.de

Museum Alte Pfarrhäuser

Mittweida – Hochschulstadt im Zschopautal mit großen Traditionen

Idyllisch eingebettet ins Zschopautal liegt die Kreis- und Hochschulstadt Mittweida nördlich von Chemnitz. 1286 als oppidum (Stadt) deklariert, blühte sie im Mittelalter wirtschaftlich dank des Tuchmacher- und Leineweberhandwerks auf. Durch die Gründung industrieller Spinnereien im 19. Jahrhundert entwickelte sich Mittweida zu einem der bedeutendsten Textilstandorte in Sachsen. In der Gegenwart sind vor allem kleine und mittelständische Unternehmen u. a. in der Metall- und Elektroindustrie ansässig. Weltniveau erreichen Unternehmen der Holz-, Kunststoff- und Textilverarbeitung sowie Lasertechnik, die durch die Forschung an der Hochschule und ihre Absolventen Impulse erhalten. 1865 wurde ein Technikum gegründet, das seit 1969 den Status einer Hochschule und in der Gegenwart als Fachhochschule – University of Applied Sciences – einen guten Ruf genießt.

📷 Sehenswertes

- **Historische Altstadt**
- **Evangelische Stadtkirche „Unser lieben Frauen":** 1473 mit Elementen eines Vorgängerbaus von ca. 1430 (Sakristei, Figurenportal Nordseite) als spätgotische Hallenkirche errichtet und seit 1539 evangelisch; Orgel von Friedrich Ladegast von 1888 wurde 1931 erweitert durch Fa. Jehmlich. *www.kirchgemeinde-mittweida.de*
- **Kirchturm** von 1552 mit Aussichtsmöglichkeit.
- **Museum „Alte Pfarrhäuser" mit Pfarrgarten:** Johannes-Schilling-Haus (einer der bedeutendsten Bildhauer des 19. Jahrhunderts)
- **Erich-Loest-Haus:** „Nachlass" des Schriftstellers Erich Loest für seine Geburtsstadt. *www.museum-mittweida.de*
- **Campus der Hochschule** (Technikumplatz)
- Schwanenteichanlage und modernes Freibad, Goethehain und Stadtpark.

🧍 Wegbegleiter Luthers

Auch in Mittweida dringen die Gedanken der Reformation seit 1524 in die Gemeinde ein. Der altgläubige albertinische Herzog Georg versucht dieser Bewegung entgegen zu treten. Als 1535 jedoch deutlich wird, dass zahlreiche Bürger der Stadt zum Gottesdienst ins benachbarte Ringethal gehen und hier am evangelischen Gottesdienst teilnehmen, lässt er 73 Bürger der

Stadt ausweisen. Allerdings konnten sie 1537 wieder zurückkehren, denn Herzogin Elisabeth von Sachsen, die ihren Witwensitz in Rochlitz hatte, führte die Reformation nun auch in Mittweida ein.

Stadtkirche Unser lieben Frauen

Barocker Flügelaltar in der Stadtkirche

Blick vom Markt zur Altstadt

HEIMAT- UND VERKEHRSVEREIN
„Rochlitzer Muldental" e. V.
Markt 1, 09306 Rochlitz
Tel.: 03737 783222
www.rochlitzer-muldental.de

Blick vom Schloss Rochlitz auf die Zwickauer Mulde

Rochlitz – Frauenpower in der Stadt des Roten Porphyr

Die Große Kreisstadt fand im 12. Jahrhundert erstmals Erwähnung als „burgward rochelinzi". Am Fuße der Burg entstanden ein Markt und die Stadt, wozu wohl eine am heutigen Mühlplatz gelegene Furt durch die Mulde beitrug.

Im 19. Jahrhundert wuchs Rochlitz zu einem kulturellen Zentrum als Schul-, Verwaltungs- und Garnisonsstadt. Erst nach dem Zweiten Weltkrieg beginnt eine zaghafte Industrialisierung durch Betriebe für Elektrotechnik und Hydraulik. Seit 1990 wird die Wirtschaft durch mittelständische Handwerks- und Gewerbebetriebe geprägt.

Bereits 1523 hatte die reformatorische Bewegung begonnen in Rochlitz Fuß zu fassen, und als Herzogin Elisabeth von Sachsen hier ihren Witwensitz innehatte, führte sie 1537 die Reformation in Rochlitz und dem Amt Kriebstein ein.

Kunigundenkirche

Schloss Rochlitz

Rathaus und Markt

📷 Sehenswertes

- **Schloss Rochlitz:** Über 1.000 Jahre thront es über der Zwickauer Mulde und der Stadt, sah Kaiser und Könige als Gäste, wurde von den sächsischen Herrschern zur Hofhaltung genutzt und in jeder Epoche umgestaltet: Museum, Schlossküche, geprägt durch die Türme „Lichte" und „Finstere" Jupe, Burgverlies, Folterkammer, Weinkeller und begehbare Wehrgänge.
  www.schloss-rochlitz.de
- **Rathaus** von 1828 mit einzigartigem Portal mit vier dorischen Säulen aus rotem Porphyrtuff.
- **Marktplatz**, einst größter Europas, heute in Ober- und Untermarkt geteilt.
- **St. Petrikirche:** erste und älteste Pfarrkirche mit beachtenswertem Flügelaltar.
- **Kunigundenkirche:** spätgotisch, Keramikfiguren von Heinrich II. und Kunigunde (um 1476), Ausstattung frühes 16. Jahrhundert (Schnitzaltare von 1513 und von einem Schüler Cranachs 1521); seit 1546 offiziell zweite Stadtkirche.

☚ Wegbegleiter Luthers

Der in Rochlitz geborene Johannes Mathesius war ein Schüler Luthers und verfasste dessen erste Biografie. Nach ihm wurde in Rochlitz ein Gymnasium benannt, ein Gedenkstein bewahrt sein Andenken.
Als Frau im 16. Jahrhundert nahm Elisabeth von Rochlitz, geborene Landgräfin zu Hessen, eine wichtige Rolle ein. Dreijährig war sie mit dem Erbprinzen Johann verlobt worden und zog sich

nach dem Tode ihres Mannes auf ihr Wittum in Schloss Rochlitz zurück. Doch in ihrem kleinen „Herrschaftsbereich", zu dem neben Rochlitz auch Mittweida und Kriebstein gehörten, setzte die von Luthers Gedanken begeisterte Frau die Reformation 1537 trotz des erbitterten Widerstands ihres Schwiegervaters Herzog Georg durch.

Gästeführer im Gewand von Johannes Mathesius vor seinem Denkmal

Petrikirche

16 • Penig

STADTVERWALTUNG PENIG
Markt 6, 09322 Penig
Tel.: 037381 9590
www.penig.de

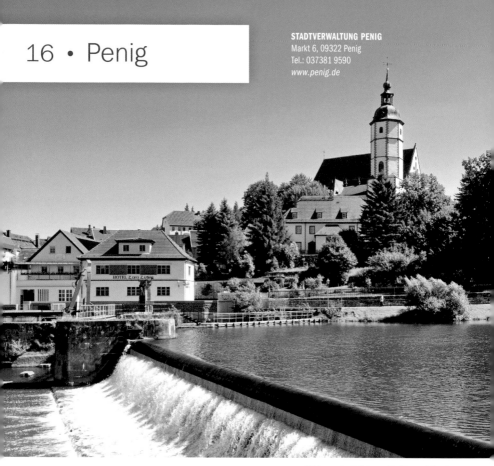

Blick von der Zwickauer Mulde nach Penig

Penig bei Amerika

In der zweiten Hälfte des 12. Jahrhunderts wurde das heutige Penig im Zuge der Kolonisation durch deutsche Bauern besiedelt. Der Name der einstigen slawischen Siedlung wird auf das altsorbische Wort „pena" zurückgeführt, das mit Schaum, Dunst oder Nebel übersetzt werden kann. In der 2. Hälfte des 12. Jahrhunderts gründeten deutsche Bauern ein Waldhufendorf.

Der Wallfahrtsort gehörte zum Bistum Merseburg und wurde erstmals in einer Urkunde von 1313 als Stadt erwähnt.

Durch die günstige Lage an einem Muldenübergang, über den die alte Salzstraße führte, entwickelten sich hier schon im Mittelalter ein regionaler Marktort sowie vor allem Schuhmacher- und Töpferhandwerk. Anfang des 19. Jahrhunderts entstand die Papierherstellung als erster Industriezweig. Dann folgten Maschinenbau und Emailleherstellung, aber auch Spinnerei und Färberei. Heutzutage gibt es keine Töpferkunst mehr, aber zu den genannten Industriezweigen sind die Herstellung von Fahrzeugteilen sowie Baustoffveredlung hinzugekommen.

Weit über die Ortsgrenzen hinaus bekannt ist der kleinste von elf Ortsteilen Penigs: Amerika.

entlang der Mulde und in Südwestsachsen zunehmend aus. Innerhalb der wettinischen Lande nahmen die schönburgischen Herrschaften eine Sonderstellung ein, da sie zu den Reichslehen gehörten und somit unabhängig von den sächsischen Herrschern waren. Dies zeigte sich besonders in Bezug auf die Einführung und Ausgestaltung der Reformation in ihrem Herrschaftsbereich.

📷 Sehenswertes

- Mittelalterlicher Stadtgrundriss der Altstadt mit Gebäuden ab 1711.
- **„Altes Schloß"** (Mühlgraben 18) und „Neues Schloß" (Schloßplatz 5) in der Altstadt.
- **Rathaus** erbaut 1546/47 im Stil der sächsischen Frührenaissance.
- **Stadtkirche „Unser Lieben Frauen Auf Dem Berge":** schmale Gassen führen zum spätgotischen Gotteshaus, das zwischen 1476 und 1515 erbaut wurde; der erste evangelische Gottesdienst fand 1539 statt; Felderdecke mit 70 Bildern der biblischen Geschichte von Constantin Seytz d. Ä. von 1688, farbig gefasster Steinaltar.
- **Altpeniger Kirche „St. Aegidius":** Erwähnt 1157, teilweise romanisch, römisch-katholische Gemeinde.
- **Kellerberge** unterirdische Lager-Gänge aus dem 16. Jh. mit Ausstellung im Huthaus.

Rathaus, erbaut 1546/47 im Stil der sächsischen Frührenaissance

🚶 Wegbegleiter Luthers

Penig gehörte seit 1543 zur Herrschaft der Familie von Schönburg. Die Herren von Schönburg bauten seit 1256 ihren Herrschaftsbereich

Stadtkirche „Unser Lieben Frauen Auf Dem Berge"

Stadtkirche mit Felderdecke von Constantin Saytz aus dem Jahr 1688

STADTVERWALTUNG – BÜRGERBÜRO
Rathausplatz 1, 09212 Limbach-Oberfrohna
Tel.: 0800 3388000 oder Pfarramt 037609 5344
www.limbach-oberfrohna.de

St. Mauritiuskirche

Wolkenburg – Schloss über den Wolken

Wahrhaft thronend über dem Tal der Mulde, empfängt die Wolkenburg bereits seit über 800 Jahren Reisende. Der gleichnamige Ort wurde erstmals 1241 schriftlich erwähnt, wobei der Ort bereits 1103 unter Wiprecht von Groitzsch gegründet wurde. Im Laufe der Jahrhunderte wechselten die adeligen Herrschaften unter anderem „von Colditz", „von Kauffungen", „von Ende" und schließlich „von Einsiedel".

Detlef Carl Graf von Einsiedel ließ 1794 an der Herrnsdorferstraße eine Salpetersiederei errichten, wohnte mit seiner Familie im Schloss und gestaltete es in dieser Zeit so um, wie es sich heute präsentiert. Auch die erste Dorfkirche,

St. Mauritius, im klassizistischen Stil, die unterhalb des Schlosses steht, ist ihm zu verdanken.

Der Ort Wolkenburg wurde 1886 zum Standort der „Leipziger Baumwollspinnerei", die 412 Webstühle betrieb und nach 1945 in Baumwollweberei Wolkenburg umbenannt wurde. Nach Erfindung einer Nähwirktechnik durch Heinrich Mauersberger Mitte der 1960er Jahre wurde das produktive Verfahren MALIMO bis zur Schließung 1991 eingesetzt.

Seit 2000 ist Wolkenburg-Kaufungen Ortsteil von Limbach-Oberfrohna.

⊙ Sehenswertes

- **Schloss Wolkenburg:** Hauptgebäude als dreigeschossiger Wohnbau an der Südseite; klassizistischer Festsaal von 1780, Bibliothek im neugotischen Stil als Kuppelbau in zwei Etagen um 1800, Museum und terrassenförmiger Schlosspark, sehenswerte Eisenkunstgussfiguren nach antiken Vorbildern.
- **St. Mauritius-Kirche:** wurde 1794 – 1804 im klassizistischen Stil auf Felsplateau unterhalb des Schlosses erbaut; Form einer griechischen Basilika mit dorischen Säulen; Taufkapelle mit dem bedeutenden Altarbild „Jesus segnet die Kinder" von Adam Friedrich Oeser; Jehmlich-Orgel 1904.
- **Esche-Museum** mit Dauerausstellung zu 300 Jahren Textilgeschichte von den Ursprüngen der Wirkerei bis zur modernen Nähwirktechnik für Deko- und Kleiderstoffe in einer ehemaligen Textilfabrik in Limbach-Oberfrohna. *www.esche-museum.de*

✠ Wegbegleiter Luthers

Die Herrschaft Wolkenburg lag im Gebiet der ernestinischen Kurfürsten, und die damaligen Schlossherren der Familie von Ende standen im engen Kontakt zu Friedrich dem Weisen. Daher unterstützten sie die Reformation, sodass bereits 1528 evangelischer Gottesdienst gefeiert werden konnte. Nach der ersten Visitation wurde Cyriacus Gans als Pfarrer eingesetzt.

Schloss Wolkenburg – Blick in den Schlosshof

Westansicht von Schloss Wolkenburg

St. Mauritiuskirche – Altarraum

TOURISMUSAMT WALDENBURG
Geschwister-Scholl Platz im Naturalienkabinett
08396 Waldenburg
Tel.: 037608 21000
www.waldenburg.de

Waldenburg und seine Altstadt

Waldenburg – Idyllische Töpferstadt an der Zwickauer Mulde

Im Auftrag von Kaiser Friedrich I. „Barbarossa" errichtete Hugo von Wartha von 1165 bis 1172 eine Burg über einer Furt der Mulde. Der strategisch günstige Höhenzug erhielt ebenso wie der Erbauer den Namen (von) Waldenburg. Sie war eine der größten und am besten befestigten mittelalterlichen Wehranlagen und diente vorrangig dem Schutz des Fernhandelsweges von Halle nach Böhmen. Dabei nahm Hugo von Waldenburg eine wichtige Rolle ein und gründete auch Wolkenstein und Greifenstein.

Im westlich von Chemnitz gelegenen Waldenburg wurde 1388 die Töpferinnung gegründet. Seitdem hat dieses Handwerk ununterbrochene Tradition, wovon heute sechs Töpfer- und Keramikwerkstätten zeugen. Die Keramiken aus den

Waldenburger Werkstätten waren bereits im 16. Jahrhundert weit verbreitet. Bei Ausgrabungen am Schwarzen Kloster in Wittenberg konnte Waldenburger Steinzeug nachgewiesen werden. Da auch Waldenburg zu den Schönburgischen Herrschaften gehörte, wurde die Reformation 1542 offiziell eingeführt.

📷 Sehenswertes

- **Schloss Waldenburg:** Sitz des Adelsgeschlechts von Schönburg; Anfang des 20. Jahrhunderts wurde das Schloss entsprechend der technischen Neuerungen durch Einbau einer Zentralheizung, Elektrifizierung und Einbau eines Telefons modernisiert. Die Originalausstattung aus dieser Epoche ist heute noch zu besichtigen.
  www.schloss-waldenburg.de
- **Museum Waldenburg:** Naturalien- und Raritätensammlung der Familie Linck – Heinrich Linck, Besitzer der Löwenapotheke Leipzig, sammelte ab 1670 kuriose und exotische Objekte, Sohn und Enkel bauten die Sammlung aus.
  www.museum-waldenburg.de
- **Stadtkirche „Sankt Bartholomäus":** wurde anlässlich Luthers 450. Geburtstags am 10. Dezember 1933 offiziell umbenannt. Ersterwähnung 1376, Wiederaufbau nach Hussitenkrieg 1437, und nach Stadtbrand 1580 neu errichtet mit Stern- und Netzrippengewölbe aus Rochlitzer Porphyr und steilem Dach mit Dachreiter.
- **Töpfereien**
  www.keramik-waldenburg.de
- **Grünfelder Park:** Landschaftsgarten im englischen Stil um 1780: neogotisches

Grünfelder Schloss – als Restaurant und Hotel genutzt, Teehaus, Badehaus, Felsengang, Gesundheitsquelle.

Rathaus

Waldenburg Schlossgarten/-hof

Schloss Waldenburg

19 • Glauchau

TOURISMUSINFORMATION GLAUCHAU
Markt 1, 08371 Glauchau
Tel. 03763 2555
www.glauchau.de

Schloss Forderglauchau

Glauchau – Vom Fischerdorf zum Wirtschaftszentrum im Grünen

Entstanden als slawisches Fischerdorf an der Mulde, wurde Glauchau erstmals 1240 als Stadt genannt. Ende des 12. Jahrhunderts hatte das Geschlecht derer von Schönburg eine Burg errichtet.

In Glauchau blühte das Tuchmacherhandwerk. Bereits 1410 erhielten die Tuchmacher ihren Innungsbrief, und gemeinsam mit den Gerbern, Schneidern und Schuhmachern entstand ein wichtiger Wirtschaftszweig für die Stadt. 1528 konnten die Leineweber ihre Innung gründen. Die erste Fabrik entstand mit der Spinnerei Firma Seydel & Sohn 1824.

Georgius Agricola, der als Mineraloge, Arzt, Politiker, Lehrer und Historiker in die Geschichte einging, wurde 1494 in Glauchau geboren. Das Schloss Hinterglauchau beherbergt das Museum der Stadt Glauchau.

📷 Sehenswertes

- **Stadtkirche St. Georgen:** erstmals 1256 erwähnt; 1712 bei Stadtbrand zerstört; Otto Ernst von Schönburg-Hinterglauchau ließ 1726 – 1728 die Stadtkirche neu errichten; 1730 wurde die Orgel des berühmten sächsischen Orgelbaumeisters Gottfried Silbermann geweiht.
- **Rathaus:** um 1400 erstmals erbaut, mehrere Brände, heutige Gestalt von 1818.
- **Schloss Hinterglauchau:** 1527 – 1534 im Stil der Frührenaissance umgebaut; zeitgleich Schloss Forderglauchau errichtet; bis 1945 befand sich die Doppelschlossanlage im Besitz der Adelsfamilie der Grafen und Herren von Schönburg-Glauchau.
- **Lutherkirche** (erbaut 1909)
- **Bismarckturm** (1910): diente als Wasser- und Aussichtsturm, später auch als Jugendherberge und Gedenkstätte für Opfer des Ersten Weltkriegs; der 46 Meter hohe Turm ist der höchste noch existierende Bismarckturm aus Sandstein.

Stadtkirche St. Georgen

🧑 Wegbegleiter Luthers

Innenansicht der Stadtkirche St. Georgen

Das Haus Schönburg hatte seit 1170 seine sächsischen Besitztümer in einem Nord-Süd-Halbbogen entlang der Zwickauer Mulde ausgebaut, so dass ihnen zur Blütezeit des Adelshauses Wechselburg, Penig, Waldenburg, Glauchau, Lichtenstein sowie die von ihnen gegründeten Erzgebirgsorte Hohenstein-Ernstthal, Hartenstein, Crottendorf, Oberwiesenthal und Scheibenberg gehörten. In ihrem Gebiet unterstützten sie die Reformation, die ab 1542 dort eingeführt wurde. So richteten sie eine Superintendentur in Glauchau ein.

Lutherkirche

Lutherhaus

Altarbild von Ludwig Otto in der Lutherkirche

20 • Zwickau

Priesterhäuser

Zwickau – Robert-Schumann-Stadt mit Automobilbautradition

Der erstmals 1183 erwähnte Ort an der Zwickauer Mulde wurde ab 1212 als Stadt bezeichnet und entwickelte sich fortan zu einem Zentrum im Kreuzungsbereich wichtiger mittelalterlicher Handelsstraßen. Anfang des 16. Jahrhunderts war Zwickau dank des Fernhandels, des Tuchmacherhandwerks und des Silberbergbaus im Erzgebirge bereits die reichste Stadt im Kurfürstentum Sachsen. Die Bürger waren fortschrittlichen Ideen gegenüber aufgeschlossen, so dass sich Zwickau neben Wittenberg als zweites Zentrum der Reformation profilierte. Hier wirkten Philipp Melanchthon und Thomas Müntzer. Martin Luther predigte 1522 im Dom St. Marien.

Im 19. Jahrhundert entwickelte sich neben der Textilindustrie der Steinkohlebergbau. Vor über

85

Museum Priesterhäuser

Katharinenkirche

Innenansicht der Katharinenkirche

100 Jahren stand hier mit den Horch-Werken die Wiege des mitteldeutschen Automobilbaus. Heute ist die Stadt ein Produktionsstandort des VW-Konzerns.

An der über 120-jährigen Westsächsischen Hochschule sind an acht Fakultäten rd. 5.000 Studenten aus 50 Ländern immatrikuliert.
www.fh-zwickau.de

Sehenswertes

- **Priesterhäuser, Domhof** (Städtische Museen – Priesterhäuser – Stadtgeschichtliche Sammlung): gehören zu den ältesten Wohnbauten in Mitteldeutschland, 1466 vollendet und nahezu authentisch erhalten; moderner Anbau für Ausstellungen, im Erdgeschoss zwei Läden sowie die „1. Zwickauer Gasthausbrauerei und Brennerei".
  www.priesterhaeuser-zwickau.de
  www.brauhaus-zwickau.de
- **St. Katharinenkirche Zwickau** (Ersterwähnung 1219): Klosterkirche eines Nonnenkonvents der Benediktiner, wird auch Stadt- und Schlosskirche genannt; seit 2014 Europäisches Kulturerbesiegel „Stätte der Reformation"; hier predigte Thomas Müntzer 1520/21.
- **Robert-Schumann-Haus:** Museum – Konzertsaal – Forschungszentrum; Geburtshaus des Komponisten.
  www.schumann-zwickau.de
- **Stephan-Roth-Haus:** Marktschreiber und Kontaktmann zu Martin Luther, weilte zwischen 1523 und 1527 oft in Wittenberg.
- **Dom St. Marien:** vor 1200 romanische Basilika, 1453 bis 1565 Umbau zur spätgotischen Hallenkirche, seit 1518

evangelisch, 1520 amtierte hier für ein halbes Jahr Thomas Müntzer. Geöffnet: Di–Sa 10–17 Uhr, Turmbesteigung auf Anfrage, Pflege sächsischer Kirchenmusik. *www.nicolai-kirchgemeinde.de*

- **Kunstsammlungen-Max-Pechstein-Museum:** Werke des gebürtigen Zwickauers und „Brücke"-Künstlers Max Pechstein (1881–1955); Wechselausstellungen zeitgenössischer Kunst. *www.kunstsammlungen-zwickau.de*
- **Konzert- und Ballhaus „Neue Welt":** Jugendstilsaal von 1903, Veranstaltungsstätte.
- **August-Horch-Museum** im ehemaligen Audi-Werk, Audistraße 7, von 1904. *www.horch-museum.de*
- **Johannisbad** mit Schwimmhalle im Jugendstil von 1904. *www.johannisbad.de*

⊛ Wegbegleiter Luthers

Die Zwickauer Bürger waren von den Ideen der Reformation begeistert. Bürgermeister Hermann Mühlpfort und der Rat der wirtschaftlich starken Stadt standen ab 1521 im engen Kontakt mit den Wittenberger Reformatoren. Thomas Müntzer wurde 1520/21 als Prediger an den beiden Stadtkirchen tätig. Doch die Situation spitzte sich zu, insbesondere durch die radikal auftretenden „Zwickauer Propheten" unter Nikolas Storch. Um die Situation zu entspannen, wurde Müntzer als Prediger entlassen, und Luther rief die Zwickauer Christen in Predigten am 30. April und 2. Mai 1522 zur Bewahrung der Ruhe und Ordnung auf. In Zwickau wurde 1524 die erste Messe in Deutsch gelesen, und ab 1525 wurden alle Messen in deutscher Sprache abgehalten. Nun wurden auch die Klöster geschlossen und die Mönche der Stadt verwiesen; damit ist Zwickau nach Wittenberg die zweite Stadt weltweit, die sich zum „neuen Glauben" bekannt hat.

Gewandhaus

Rathaus

Katharinenkirche – Portal

TOURISTINFORMATION
Markt 1, 08451 Crimmitschau
Tel: 03762 901018
www.crimmitschau.de

21 • Crimmitschau

Rathaus von Crimmitschau

Crimmitschau – „Grenzstadt" mit Textiltradition

Das westsächsische Crimmitschau liegt an der Grenze zum Freistaat Thüringen am Flüsschen Pleiße. Entstanden ist der Ort gemeinsam mit der gleichnamigen Burg zwischen 1170 und 1200 im Zuge der Ostsiedlung durch fränkische und thüringische Siedler.

Markgraf Wilhelm II. von Meißen verlieh ihr das Stadtrecht, nachdem der Besitz 1414 an das Haus Wettin übergegangen war.

Mit der Tuchmacherordnung von 1429 war die Basis für die Gründung ihrer Innung 1436 gelegt worden, nachdem die Stadt im Hussitenkrieg niedergebrannt worden war.

Im Jahr 1529 wurde die Reformation in Crimmitschau eingeführt.

Bereits im 18. Jahrhundert erfuhr die Tuchmacherindustrie mit Spinnereien, Webereien und Färbereien einen bedeutenden Aufschwung,

Blick auf Crimmitschau und die Industriearchitektur

Marktbrunnen

- **St.-Laurentlus-Kirche:** seit 1529 Gotteshaus der evangelischen Gemeinde; Jehmlich-Orgel von 1896; Marienaltar um 1550; Pflege der traditionellen Kirchenmusik. *www.laurentius-gemeinde.de*
- **Rathaus:** 1772 erbaut, 35 Meter hoher Turm; 1891/92 durch den Leipziger Architekten Arwed Rossbach im Stil des Neobarock umgestaltet; Kupferner Roland – Symbol des Marktrechts – seit 1994 wieder auf dem Rathausdach.
- **Marktbrunnen** mit Skulptur „Spinnerin" (Textilarbeitertradition).
- **Sahnpark:** 40 Hektar bewaldete Landschaft mit 6,5 Kilometer Wanderwegen, Freibad, Tiergehege und Kunsteisstadion des Eishockeyvereins ETC Crimmitschau. *www.eispiraten-crimmitschau.de*
- **Sächsisches Industriemuseum Crimmitschau** in ehemaliger Tuchfabrik Gebr. Pfau. *www.saechsisches-industriemuseum.com*
- **Deutsches Landwirtschaftsmuseum** Schloss Blankenhain *www.deutsches-landwirtschaftsmuseum.de*

so dass Crimmitschau um 1900 den Beinamen „Sächsisches Manchester" erhielt. Vom einstigen Reichtum der Fabrikanten künden noch heute zahlreiche Villen.

⊚ Sehenswertes

- **Theater**, denkmalgeschütztes Gebäude mit Saal für Aufführungen von klassischen Konzerten, Jazz, Operetten und Musical, Theater sowie Kabarett

⦿ Wegbegleiter Luthers

Mit der Inauguration des ersten evangelischen Pfarrers wurde in Crimmitschau 1529 die Reformation eingeführt. Seitdem ist die St.-Laurentius-Kirche die Heimat der evangelischen Christen in der Stadt. In der Gegenwart gehört rund ein Fünftel der Crimmitschauer dem evangelischen Glauben an. Knapp sieben Prozent der Einwohner sind katholische Christen. Neben den drei Kirchgemeinden im Stadtgebiet, gibt es in allen sieben eingemeindeten Dörfern ein reges Gemeindeleben.

St.-Laurentius-Kirche

22 • Gnandstein

TOURIST-INFORMATION
Fremdenverkehrsverband „Kohrener Land" e. V.
Gnandsteiner Hauptstraße 14,
04655 Kohren-Sahlis, OT Gnandstein
Tel.: 034344 61258
www.kohren-sahlis.de

Burg Gnandstein im Kohrener Land

Gnandstein – Gewärmt und geschützt von einer Burg

Schon von weitem aus allen Himmelsrichtungen grüßt der runde Burgturm von Gnandstein die Herannahenden. Um 1200 / 1210 ließen die Herren von Schladebach einen Wohnturm mit Ringmauer auf dem 244 Meter hohen Felsen zum Schutz einer Furt durch das Flüsschen Wyhra errichten. Der Ort Gnandstein am Fuße der Burg profitiert zudem von einem klimatischen Sonderfall, denn eine Wetterscheide am Stöckigt, dem angrenzenden Waldstück, sorgt hier stets für etwas mildere Temperaturen. Das Dorf gehört zur „Töpfergemeinde" Kohren-Sahlis.

Nachdem die Burg nach 1380 weiter ausgebaut worden war, residierte ab 1409 über 450 Jahre die Familie von Einsiedel in ihren Mauern. Die letzten Burgbesitzer der letzten romanischen

Wehranlage in Sachsen, Hanns und Elfriede von Einsiedel, gaben nach 1908 dem Tourismus im Kohrener Land große Impulse, um so Geld für die Sanierung des maroden Bauwerks aufzutreiben. 1945 mussten sie die Burg verlassen. Pfiffige Gästeführer schlüpfen hin und wieder in Burgherrschafts-Kostüme und begrüßen die Gäste auf der Burg.

📷 Sehenswertes

- **Burg Gnandstein:** Burgmuseum, Burgkapelle *www.burg-museum-gnandstein.de*
- **Kirche:** nach dem Abriss der alten Dorfkirche 1508 als gotischer Saalkirchenbau errichtet und 1539 als evangelische Pfarrkirche geweiht; Epitaphien der Familie von Einsiedel.

🏃 Wegbegleiter – Ortsgeschichte

Das Adelsgeschlecht der Familie von Einsiedel, deren Stammbaum ins 13. Jahrhundert reicht und das auch im Erzgebirge begütert war, hatte Ende des 14. Jahrhunderts die Burg Gnandstein mit 40 Dörfern übernommen. Sie ließen die Unterburg für Wohnzwecke umbauen, so dass der dreigeschossige gotische Wohnbau an der Südseite entstand. Die Burgkapelle entstand um 1500, als Heinrich von Einsiedel regierte. Da er sich sehr früh zur Reformation bekannte, wurde die Burgkapelle für evangelische Gottesdienste genutzt. Sie ist nahezu authentisch erhalten. Der Burgherr pflegte mit Martin Luther und anderen Reformatoren eine rege Korrespondenz. Dennoch konnte die Reformation offiziell erst nach 1539, nach dem Tode des sächsischen Herzogs Georg, in Gnandstein eingeführt werden, da dieser zu seinen Lebzeiten mit gravierenden Sanktionen für die Einsiedels gedroht hatte.

Burgkapelle

Burg Gnandstein – Führung mit dem Burgfräulein

Blick vom Burgturm zur Evangelischen Pfarrkirche

Wandern auf dem Lutherweg

Martin Luther alias Norbert Hein am Fuße der Burg

Evangelische Pfarrkirche – Chorraum mit Altar und Grabdenkmälern

Evangelische Pfarrkirche

23 • Borna

TOURIST-INFORMATION
Stadt- und Tourist-Information Borna
Markt 2, 04552 Borna
Tel: 03433 873195 oder 03433 61258
www.borna.de

Das Rathaus am Bornaer Markt

Borna – Ein sicherer Ort am langen Weg

Aus zwei Orten an beiden Ufern des Flüsschens Wyhra entstand im 13. Jahrhundert Borna, das erstmals 1251 als Stadt erwähnt wurde.

Als sicherer Ort im ernestinischen Sachsen, dessen herrschender Kurfürst der Reformation positiv gegenüberstand, war die Stadt für den unter Papst-Bann stehenden Reformator Luther häufig Station auf der Durchreise. Im Mittelalter war die Gegend landwirtschaftlich geprägt, vor allem bekannt durch den Anbau von Zwiebeln und Gurken. Dadurch hält sich bis heute der Beiname „Zwiebel-Borna". Ab 1800 wurden Braunkohlevorkommen in der Gegend im Tagebau erschlossen, so dass sich das beschauliche Städtchen zu einem Industriestandort profilierte. Seit 1990 begann eine Umstrukturierung und großflächige Renaturierung der Tagebaulandschaft.

📷 Sehenswertes

- **Museum der Stadt Borna** im barocken Reichstor von 1723 als Teil der ehemaligen Stadtbefestigung zeigt Dokumente und Exponate der Stadt- und Reformationsgeschichte.
  www.museum-borna.de
- **Volksplatz Borna** mit Freilichtbühne im Stil eines Amphitheaters mit fast 10.000 Plätzen und Europas größter feststehender Filmwand.
- **„Zwiebelhaus"** mit Plastiken der Zwiebelfrau, des Bergmanns und des Reiters des Karabiner-Regiments.

Emmauskirche

- **Rathaus** (erbaut 1669–1676)
- **„Alte Wache"** (Tourist- und Stadtinformation Borna)
- **Bürgerhaus** „Goldener Stern"
- **Martin-Luther-Platz** – Stadtkirche St. Marien: geweiht 1456, Flügelaltar von 1511, bereits 1519 evangelische Predigten, auch mehrmals durch Martin Luther.
- **Emmauskirche**: Wehrkirche romanischen Ursprungs, wurde 2007 von Heuersdorf, das dem Braunkohlenabbau weichen musste, hierher umgesetzt.
- Erstes neuzeitliches **Martin-Luther-Denkmal** mit Bezug zum Aschermittwochbrief (Künstler Hilko Schomerus).

Lutherdenkmal von Hilko Schomerus (2011)

- Etwas versteckt in der Bornaer Altstadt befindet sich die **Kunigundenkirche**. Sie gehört zu den ältesten Backsteinbauten Mitteldeutschlands.
- **Brikettfabrik Witznitz** (erbaut 1912): 1992 stillgelegt, heute genutzt als Wohn- und Veranstaltungsstätte.
- **Gymnasium „Am Breiten Teich"**: 1907/08 errichtet, von 1991 bis 1998 saniert.

Das Gymnasium „Am Breiten Teich"

✪ Wegbegleiter

Auf dem Weg von der Wartburg bei Eisenach nach Wittenberg im März 1522 legte Martin Luther als „Junker Jörg" verkleidet in Borna eine Wegpause ein. In Wittenberg waren Unruhen ausgebrochen, und er wollte entgegen des Ratschlags des Kurfürsten Friedrich des Weisen sein Asyl auf der Wartburg verlassen. Sein Freund und Geleitsmann Michael von der Straßen beherbergt ihn in seinem Haus am Markt. Den Kurzaufenthalt nutzt er, um seinen berühmt gewordenen Aschermittwochbrief an den Kurfürsten zu verfassen. Darin beruft er sich als freier Mensch auf seinen Glauben an Gott.

Luther weilte 13-mal in Borna. Er sorgte auf Bitten der Bornaer Bürger dafür, dass der evangelische Prediger Wolfgang Fuß hier bereits 1519 die Gedanken der Reformation von der Kanzel verkündete – damit war Borna eine der ersten Städte, in denen evangelisch gepredigt wurde. Der Reformator selbst predigte 1522 viermal in der Stadtkirche St. Marien.

Stadtkirche St. Marien

**TOURISMUSVEREIN LEIPZIGER
NEUSEENLAND E. V.**
Rathausstraße 22, 04416 Markkleeberg
Tel. 0341 337967-18
www.leipzigerneuseenland.de
www.neukieritzsch.de

Neukieritzsch

Neukieritzsch – „Herrn Käthes" Alterssitz an der Straße der Braunkohle

Seine Existenz verdankt Neukieritzsch der Sächsisch-Bayerischen Eisenbahn, die 1842 hier auf freiem Feld den einzigen Zwischenhalt auf ihrem ersten Streckenabschnitt Leipzig-Altenburg (jeweils rd. 3 Kilometer von den Dörfern Kieritzsch, Pürsten und Breunsdorf entfernt) einrichtete. Zu Neukieritzsch gehören sechs Ortsteile, deren Geschichte weit über 500 Jahre zurückreicht. Im Osten schließt das Leipziger Neuseenland an, wo sich der OT Kahnsdorf mit dem Hainer See zu einem Urlaubsort entwickelt, während im Westen der Tagebau Vereinigtes Schleenhain der MIBRAG Braunkohle für das Kraftwerk Lippendorf fördert.

Zum heutigen Ortsteil Kieritzsch gehörte einst das 1540 von Martin Luther erworbene Gut

Zöllsdorf, das zur Versorgung des Lutherschen Haushalts und als Witwensitz Katharina von Boras dienen sollte. Sie musste es aus finanzieller Not allerdings um 1553/54 verkaufen.

📷 Sehenswertes

- **Gedenkstein** mit Bildnissen von Martin Luther und Katharina von Bora, 1817 auf Gut Zöllsdorf errichtet, 1981 nach Neukieritzsch umgesetzt.
- **Katharina-von-Bora-Kirche** (1998) in Neukieritzsch.
- **Kirche in Kieritzsch**
- **Kraftwerk Lippendorf** – eines der modernsten Braunkohlekraftwerke Europas (öffentliches Informationszentrum, Führungen).

🏃 Wegbegleiter Luthers

Katharina von Bora lernte im Kloster nicht nur Lesen und Schreiben, sondern auch eine Wirtschaft zu führen. Als sie Martin Luther heiratete, schenkte ihnen der sächsische Kurfürst Johann der Beständige das Schwarze Kloster, ein ehemaliges Augustinerkloster in Wittenberg, das sich fortan zum Familienmittelpunkt und „Studentenwohnheim" entwickelte. Bis zu vierzig Bewohner und die eigene Familie, in der drei Mädchen und drei Jungen geboren wurden, mussten versorgt und auch die Finanzen sorgfältig verwaltet werden. Obwohl damals die Männer die Oberaufsicht über die Haushaltführung hatten, überließ ihr der Theologieprofessor diese Aufgabe und widmete sich lieber seiner Arbeit. Zur Versorgung gab es bis zu drei große Gärten für

den Anbau von Getreide und Obst, die Brauerei, Fischteiche und Nutztiere.

Nachdem Martin Luther seinem „Herrn Käthe" das Gut ihres verarmten Bruders gekauft hatte, war sie häufiger in Zöllsdorf. Nach Meinung verschiedener Historiker könnte das benachbarte Lippendorf der Geburtsort von Katharina von Bora gewesen sein.

Kirche Kieritzsch

Neukieritzsch: Denkmal für Luther und Katharina von Bora

LEIPZIG TOURISMUS UND MARKETIG
GMBH TOURIST-INFORMATION
Katharinenstraße 8, 04109 Leipzig
Tel.: 0341 7104-260 oder -265
Zimmervermittlung: Tel.: 0341 7104-255
www.leipzig.travel

Universität Leipzig mit Neuem Augusteum und
Neuer Universitätskirche St. Pauli zu Leipzig

Leipzig – Disput am rechten Ort

Einen wichtigen Platz in der Reformationsgeschichte hat Leipzig inne. Die am Schnittpunkt der überregionalen Handelswege via regia und via imperii liegende Stadt war 1519 Schauplatz der Leipziger Disputation, in der Martin Luther auf der damaligen Pleißenburg seinen Standpunkt zu Religionsfragen gegenüber der katholischen Kirche verteidigen musste.

Bei diesem mehrere Tage währenden Rededuell mit dem papsttreuen Theologieprofessor Johannes Eck begleiteten ihn Philipp Melanchthon und der Wittenberger Theologe Andreas Karlstadt. Die auch als „Leipziger Kirchenschlacht" bezeichnete Auseinandersetzung bildete eine Zäsur für Luther, der endgültig mit der römisch-katholischen Kirche brach und über

Thomaskirche

Neues Rathaus

Auerbachs Keller: Luther-Zimmer

den In Folge ein Kirchenbann verhängt wurde. Leipzig war als Messestadt und Zentrum des noch jungen Buchdruckergewerbes ein Ort, an dem eine Vielzahl Schriften des Reformators gedruckt wurden. Erst Pfingsten 1539 wurde durch den Herzog Heinrich der Fromme die Reformation in Leipzig eingeführt; die Predigten in der Thomaskirche und in der Nikolaikirche, dem größten Gotteshaus der Stadt, hielt Dr. Martin Luther, der auch in Folge mehrere Male in Leipzig weilte.

◉ Sehenswertes

- **Neues Rathaus:** Hier stand einst die Pleißenburg, in deren Hofstube im Sommer 1519 die Disputation stattfand. Der Rathausturm ist mit einer Höhe von 114,7 Metern der höchste in Deutschland.
- **Thomaskirche:** Ursprung liegt im 12. Jahrhundert. Hier singt seit über 800 Jahren der Thomanerchor, der 1519 die Leipziger Disputation eröffnete. Berühmtester Thomaskantor ist der Komponist Johann Sebastian Bach, dessen Kompositionen als wichtige Werke evangelischer Kirchenmusik gelten.
  www.thomaskirche.org
- **Auerbachs Keller** (vormals Auerbachs Hof), den der Anatomieprofessor Heinrich Stromer von Auerbach 1525 im Weinkeller seines Hauses einrichtete, und der 1519 Luther kennen- und schätzenlernte. Zwei Jahre später gewährte er ihm als „Junker Jörg" auf der Durchreise von der Wartburg nach Wittenberg heimlich Obdach. In der Lutherstube werden historische Sachzeugen gezeigt. Johann Wolfgang Goethe

wurde hier zu seiner Szene mit den Studenten im Faust inspiriert.
www.auerbachs-keller-leipzig.de

- **Altes Rathaus:** wurde 1556 im Renaissancestil erbaut. Seit 1905 befindet sich hier das Stadtgeschichtliche Museum, in deren Ausstellung von der Frühzeit bis zur Gegenwart Schriften des Reformators, der Ehering seiner Frau Katharina von Bora, der Lutherpokal des Schwedenkönigs Gustav I. Wasa sowie die Kanzel aus der Johanniskirche, die die erste nach der Reformation in Leipzig gebaute Kirche war, zu sehen sind.

Altes Rathaus

- **Nikolaikirche:** erbaut um 1165 im Jahr des Stadtrechts, dem Schutzpatron der Kaufleute geweiht; die größte Kirche Leipzigs. 1539 fand die erste evangelische Predigt statt. Gotische Kanzel aus der Zeit des Reformators wird „Lutherkanzel" genannt. 1982 gab es die ersten Friedensgebete, bis im Herbst 1989 von hier die Montagsdemonstrationen begannen, die als Ausgangspunkt der Friedlichen Revolution gelten.

Barthels Hof – Familienessen wie zu Luthers Zeiten

- **Gasthaus Thüringer Hof** (seit 1838): am selben Ort wurde ab 1466 eine Studentenburse betrieben, in der Luther mehrmals zu Gast weilte. Im Erdgeschoss wurde beim Umbau 1930 die Lutherhalle eingebaut, die nach Kriegszerstörung wiederhergestellt wurde. Deftiges „Luthermenü".
www.thueringer-hof.de

Trink und iss, Gott nicht vergiss, bewahr dein Ehr, dir wird nicht mehr.
(Martin Luther, Tischreden Sommer 1540)

Das unter dem Traufgesims umlaufende Schriftband von 1672 ist wahrscheinlich die längste Gebäudeinschrift der Welt.

Barthels Hof

- **Barthels Hof**, Markt /Ecke Hainstraße: Luther soll 1539 vom „Schlangenerker", der damals auf die Hainstraße wies, gepredigt haben, was allerdings nicht verbürgt ist. Im historischen Gasthaus gibt es „Familienessen wie zu Luthers Zeiten". *www.barthels-hof.de*
- **Johanniskirchhof** (heute Johannisplatz): In der ehem. Johanniskirche 1523 wurden vor den Toren der Stadt die ersten evangelischen Predigten von Sebastian Fröschel gehalten. Herzog Georg ließ ihn und 70 Leipziger Bürger, die bei ihm oder auch im Nachbarfürstentum evangelische Gottesdienste besucht hatten, 1533 der Stadt verweisen.
- **Hotel de Pologne**, Hainstraße 16 – 18: Ehemaliges Haus des Buchdruckers Melchior Lotter mit Herberge, in dem Luther, Karlstadt und Melanchthon zur Disputation 1519 wohnten. Lotter druckte erstmals die 95 Thesen als Plakat und 160 weitere Luther-Schriften.
- **Fregehaus**, Katharinenstraße 11: Sandsteinrelief im Innenhof zeigt Kaiser, Papst und einen Mönch im Jahr 1535. Die Deutung als „Verspottung Luthers" ist umstritten.
- **Museum der bildenden Künste:** Zwölf Gemälde von Lucas Cranach d. Ä. und d. J. und viele grafische Blätter. Berühmt ist das „Bildnis Luthers als Junker Jörg" von 1521. *www.mdbk.de*

Nikolaikirche

Stadtgeschichtliches Museum im Alten Rathaus – Dauerausstellung mit Exponaten aus der Reformationszeit

Hôtel de Pologne – Gedenktafel für Melchior Lotter

🚹 Wegbegleiter Luthers

Zeitlich ist es wohl ein Zufall, dass im selben Jahr 1519, als Martin Luther zur Disputation in Leipzig weilte, im hiesigen Dominikanerkloster der Mönch Johannes Tetzel starb, der zwei Jahre zuvor für Luther den Anlass für seine 95 Thesen geliefert hatte. Tetzel war seit 1489 Angehöriger des Klosters, obwohl er die meiste Zeit unterwegs war. „Wenn das Geld im Kasten klingt, die Seele in den Himmel springt" lautete die Devise des umtriebigen Ablasshändlers.

Nach der Einführung der Reformation 1539 wurde das Kloster durch Kurfürst Moritz mit allen Gütern der Universität übereignet. Die einstige Klosterkirche wurde 1545 durch Martin Luther als protestantische Kirche geweiht. 1969 wurde die als Aula und Gottesdienstraum genutzte Paulinerkirche durch das SED-Regime gesprengt. An gleicher Stelle entstand gemeinsam mit dem Neubau des Universitätshauptgebäudes im 21. Jahrhundert das architektonisch an den Kirchenbau angelehnte „Paulinum – Aula und Universitätskirche St. Pauli".

Thomaskirchhof - Bach-Denkmal vor der Thomaskirche

TOURIST-INFORMATION EILENBURG
Torgauer Straße 40 (im Museumsshop)
04838 Eilenburg
Tel.: 03423 652226
www.eilenburg.de/tourismus

Mühlinsel auf der Grenze der
Stadtteile Mitte und Berg

Eilenburg – An der Wiege des Wettiner-Staates

Im 10. Jahrhundert entstand auf einem Berg über der Mulde die Ilburg. Markgraf Heinrich I., der auf der „Eilenburg" residierte, wurde als erster Wettiner mit der Mark Meißen belehnt und begründete damit eine über 800-jährige Herrschaft dieses Fürstengeschlechts. Im Laufe der Jahrhunderte kamen große Teile des heutigen Sachsen-Anhalt und Thüringen hinzu, wurden jedoch nach verschiedenen Kriegen verloren. Die Zerstörung Eilenburgs im 30jährigen Krieg konnte abgewendet werden, und hier wurde auch 1648 der „Friede von Eilenburg" unterzeichnet und damit der Krieg für Sachsen beendet.

1849 wurde mit der „Lebensmittelassociation" die erste Konsumgenossenschaft und 1850 die erste Kreditgenossenschaft in Deutschland gegründet.

Fast 90 Prozent der Stadt wurden im Zweiten Weltkrieg durch Bomben zerstört. Seit 1990 hat sich dank nationaler und internationaler

Fremdenverkehrsrouten in der „Muldestadt mit grünem Herzen" der sanfte Tourismus stark entwickelt.

🖸 Sehenswertes

- **„Bergkirche" St. Marien** (12. Jh.): 1516–1522 Umbau in spätgotische Hallenkirche. Martin Luther predigte zwischen 1536 und 1545 mehrmals hier. Die damalige Kanzel wurde 1851 ersetzt.
- **Stadtkirche St. Nicolai:** älteste und größte Kirche im Herzen der Stadt, wurde 1522 durch Martin Luther evangelisch geweiht.
- **Stadtmuseum** in traditionsreicher Herberge und Gasthof Zum Roten Hirsch: Ausstellung zur Stadtgeschichte, Reformationsdokumente und Drucke; historische Puppenstuben, Klassenzimmer der 1920er Jahre; historische Stadtrundgänge.
- **Bergkeller:** einzigartiges Lagerkeller-Labyrinth, das seit dem 16. Jahrhundert entstand. Führungen werden vom Stadtmuseum organisiert.
- **Burgberg** mit Rundweg und gutem Ausblick vom Sorbenturm.
- **Marktbrunnen** mit Motiven der der Sage nach aus Eilenburg stammenden Heinzelmännchen.

🚹 Wegbegleiter Luthers

Martin Luther war insgesamt sieben Mal in der Stadt Eilenburg, die er eine „gesegnete Schmalzgrube" nannte. Erstmals führte ihn sein „Pilgerweg" zur Disputation nach Leipzig 1519 hierher. Zwei Jahre später wurde auf sein Betreiben hin

Gabriel Zwilling als evangelischer Pfarrer für Eilenburg eingesetzt. Zwilling war viele Jahre ein Mitbruder Luthers im Wittenberger Augustiner Kloster, wurde durch ihn in seiner Entwicklung gefördert und für die Ideen der Reformation begeistert. Zum Abendmahlgottesdienst in der Marienkirche am Neujahrstag 1522 reisten Protestanten aus den umliegenden Gemeinden sowie aus Wurzen und Leipzig an.

St. Marien

Stadtmuseum Eilenburg

Innenraum der Bergkirche „St. Marien"

Rathaus

Gilt als Wiege Sachsens: der Eilenburger Burgberg

Die Stadtkirche St. Andreas und St. Nicolai wurde im 12. Jahrhundert gegründet

27 • Löbnitz

GEMFINDEVERWALTUNG LÖBNITZ
Parkstraße 15, 04509 Löbnitz
Tel.: 034208 7890
www.loebnitz-am-see.de
www.evangelische-kirchen-loebnitz.de

Löbnitz liegt inmitten der Auenlandschaft der Mulde

Löbnitz – Ort der Besinnlichkeit

Löbnitz ist eine Gemeinde mit rund 1.250 Bewohnern im äußersten Nordwesten Sachsens an der Mulde. Zu Luthers Zeiten führte der Weg von Wittenberg nach Leipzig über diesen idyllischen Ort. Geprägt durch eine sanft hügelige Auenlandschaft mit reichem Baumbestand, unmittelbar am Rand der Dübener Heide gelegen, hat es in der Umgebung ein gut ausgebautes Rad- und Wanderwegenetz (überregionaler Mulderadweg).

981 gegründet, beging die Gemeinde 2016 ihr 1.035-jähriges Bestehen. Im Ortsteil Roitzschjora gibt es zudem einen regionalen Verkehrsflughafen. Zum Campingplatz „Alte Mulde" am stillen Arm des Flüsschens gehört auch eine Naturbadestelle.

⊙ Sehenswertes

Die wichtigste Sehenswürdigkeit in Löbnitz ist die größte und umfangreichste Bilderdecke Deutschlands in der Evangelischen Kirche, die um 1185 als romanische, dreischiffige Backsteinbasilika errichtet wurde. Die 250 Bildfelder umfassende Decke wurde um 1690 vom Delitzscher Kunstmaler Christian Schilling mit Motiven des Alten (36) und Neuen Testaments (78) bemalt. 36 Tafeln zeigen Personen der biblischen Geschichte und der Reformation, 18 schmücken Engel mit Musikinstrumenten und Leidenswerkzeugen, und als Umrandung wurden 82 Felder mit Ornamentmustern dekoriert.
www.evangelische-kirchen-loebnitz.de/loebnitz

Evangelische Kirche – Kirchenchor

Radfahrer erkunden den Lutherweg in Sachsen

⊛ Wegbegleiter Luthers

Eine der aus dem Kloster Nimbschen geflohenen Nonnen war Ave von Schönfeld, die 1515 gemeinsam mit ihrer Schwester Margarete in das Kloster eingetreten war und auch mit ihr zusammen floh. Ihr Vater Georg saß auf den Gütern Löbnitz und Kleinwölkau bei Delitzsch und war mit Luther bekannt. Martin Luther hatte ein Auge auf sie geworfen und stellte 1537 fest: „Wenn ich vor vierzehn Jahren hätte heiraten wollen, hätte ich Ave von Schönfeld … genommen." Er setzte sich auch nach ihrer Heirat mit dem Mediziner Basilius Axt für sie ein. Obwohl Aves Bruder Ernst ihr das Erbe ihres Vaters trotz Bemühungen Luthers vorenthielt, pflegte Martin Luther auch nach ihrem Tod 1541 weiter mit Ernst Umgang.

Kirchplatz Löbnitz

Evangelische Kirche: größte Bilderdecke Deutschlands   Evangelische Kirche

Evangelische Kirche – Altar

AUF DEM LUTHERWEG

1 Bad Düben

Entfernung Bad Düben – Wittenberg rund
35 Kilometer – Anschluss an Lutherweg
Sachsen-Anhalt im Ortsteil Hammermühle.

Nächste Station in Sachsen
Dreiheide (46 Kilometer auf Waldwegen und
Dorfstraße).

⭐ Ausflugstipps & Events

- Radweg Berlin–Leipzig und Mulderadweg
- Kurkonzerte auf der Kurparkbühne am
  Kurhaus Bad Düben, Ende Mai Stadtfest,
  monatliches Abendsingen bzw. Oratorien-
  konzerte (zweimal im Jahr) der Kurrende.
- Camping am Presseler Teich
  www.camping-pressel.de
- Wittenberg
  www.lutherstadt-wittenberg.de
- Militärmuseum Bunker Kossa-Söllichau
  www.bunker-kossa.de
- Moor-, Mineral- und Kneippheilbad
  Bad Schmiedeberg
  www.bad-schmiedeberg.de
- Waldschänke Am Ochsenkopf
  www.waldschaenke-ochsenkopf.de
- Lindenblütenfest und Junkerfest im
  Schlosspark in Schnaditz.
- Kohlhaase Festtage in Wellaune
- Gasthaus Kohlhaasenkrug in Wellaune mit
  Darstellung der Historie des Kaufmanns
  Hans Kohlha(a)se.

Teich in Süptitz

2 Dreiheide (OT Süptitz)

Richtung Osten 8 Kilometer bis Torgau über
Zinna auf dem Rad- und Fußweg an der B 183.

⭐ Ausflugstipps & Events

- Bad Schmiedeberg: staatlich anerkanntes
  Moor-, Mineral- und Kneippheilbad.
  www.bad-schmiedeberg.de
- Campingplatz am Elberadweg
  www.lausiger-teiche.de
- Deutscher Mühlentag in Großwig an der
  Bockwindmühle alljährlich am Pfingst-
  montag.
- Jährliches Margarethenfest: Kurfürst Friedrich II. der Sanftmütige von Sachsen und
  seine junge Frau Margarethe wurden mit
  einem Trunk empfangen. Dankbar füllte er
  den Becher mit Dukaten, damit die Bürger
  ihre von Hussiten zerstörte Stadt wieder
  aufbauen konnten.

3 Torgau

Von Torgau führt der Luther-Wanderweg entlang der Elbauen über 19 Kilometer durch die Dörfer Loßwig, Pflückuff und Staupitz an kleinen Seen vorbei nach Belgern-Schildau.

⭐ Ausflugstipps & Events

- Im Gestüt Graditz, das fünf Kilometer von Torgau entfernt auf der östlichen Elbseite liegt, werden Englische Vollblüter gezüchtet *www.gestuet-graditz.de*
- Von Torgau über die Wein- und Porzellanstadt Meißen in die sächsische Landeshauptstadt Dresden kann man durch die Elbauenlandschaft entlang des Elberadweges mit dem Fahrrad oder mit anderen Verkehrsmitteln die rund 80 Kilometer lange Strecke an der Sächsischen Weinstraße zurücklegen.
www.meissen.de, www.dresden.de
- Am Wegesrand: 1. Deutsche Radfahrerkirche Weßnig.
www.radfahrerkirche.de
- Einkehr: Fährdiele in Belgern an der Elbe
- Katharina-Tag Torgau im Juni
www.katharinatag.de
- Torgauer Festwoche der Kirchenmusik, jeweils im Juni
- Internationale Sängerakademie, jeweils im Juli

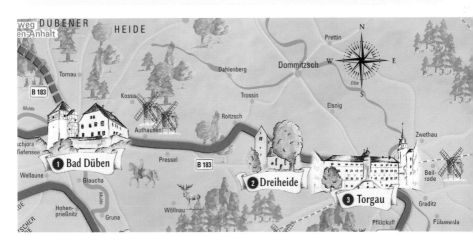

AUF DEM LUTHERWEG

4 Belgern-Schildau

Nach Wurzen 32 Kilometer Waldweg und Dorfstraße.

⊛ Ausflugstipps & Events

* Geführte Wanderungen auf dem Schild-
  bürgerwanderweg
* Ausgeschilderte Wanderwege zum
  Schildberg
* Kremserfahrten
* Geführte Forstwanderungen
* Reitwege durch die Dahlener Heide
* Traditionelles Schildbergfest zu Pfingsten
* Im Mai und September ist die Pferdesport-
  Arena Austragungsort hochrangiger Fahr-
  sportturniere.
* Südtor zur Dahlener Heide
  www.heidestadt-dahlen.de
* Kirche St. Marien Sitzenroda mit Epitaph
  der letzten Äbtissin (Anna von Miltitz) des
  Klosters Marienpforte.
* Haus am Dammühlenteich
  www.hausamdammühlenteich.de
* Hotel „Zu den Schildbürgern" in Frauwalde
  www.hotel-zu-den-schildbürgern.de
* Geoportal Frauwalde
* Ökumenischer Pilgerweg zwischen
  Dahlen und Wurzen
* Tierpark in Dornreichenbach
* Erlebnisparkplatz an der B182, am Orts-
  ausgang von Belgern, direkt am Elberad-
  weg, u. a. mit Rolandpark.

Weg von Wurzen nach Trebsen

Reiter in der Dahlener Heide

Mit dem Oldtimer auf dem Lutherweg

5 Wurzen

Entlang der Muldenaue nach Süden rund
17 Kilometer bis Trebsen.

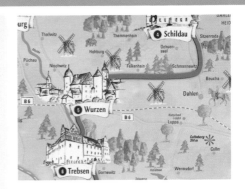

⭐ Ausflugstipps & Events

- Führungen auf dem Ringelnatzpfad
- Türmerwohnung in der Stadtkirche
  St. Wenceslai
- Eule-Orgel in der Stadtkirche
- Konzerte im Dom St. Marien, Orgelkonzer-
  te in der Stadtkirche St. Wenceslai, Lesun-
  gen/Konzerte im Museums-Innenhof.
- Wandern, Pilgern, Radfahren: Kreuzungs-
  punkt des „Mulderadwegs" und der
  „Leipzig-Elbe-Radroute", „Jakobspilger-
  weg" auf der „Via Regia", „Alte Salzstraße".
- Wasserwandern auf der Mulde nach
  Leisnig und Bad Düben.
  www.outdoorteam.de
- Mühlenregion Nordsachsen
  www.muehlen-nordsachsen.de
- Machern mit Schloss und Schlosspark
  www.machern.com
- Schloss Püchau – älteste Ritterburg
  Sachsens : Historische Schlossführungen
  und Veranstaltungen. Beliebtes Hochzeits-
  schloss.
  www.schloss-puechau.de
- Kräuterhof Falkenhain
  www.kraeuterhof-falkenhain.de
- Mühlenregion Nordsachsen
  www.muehlen-nordsachsen.de

6 Trebsen

Nach Grimma auf der anderen Muldeseite
13 Kilometer entlang des Muldetalbahnrad-
weges.

⭐ Ausflugstipps & Events

- Schloss Döben vor den Toren der Stadt
  Grimma.
  www.schlosshof-doeben.de
- Wasserwandern auf der Mulde
  www.mulderegatta.de
- Rittergut Trebsen e. V.: Veranstaltungs-
  reihe Bluesnacht.
  www.rittergut-trebsen.de
- alljährlich im September größtes schotti-
  sches Event in Deutschland unter Schirm-
  herrschaft des Britischen Botschaf-
  ters sind die Internationalen Talisker
  Highland-Games.
- Naunhof: Kartoffelfest (September),
  Veilchenmarkt (Ostern)

AUF DEM LUTHERWEG

Kloster Nimbschen – Flucht der Nonnen

An der Mulde: Hängebrücke und Gattersburg

Festival der Reformation in Grimma

7 Grimma

Nach Colditz über Muldewanderweg sowie Feld- und Waldwege 24 Kilometer.

⭐ Ausflugstipps & Events

- Göschenhaus in Hohnstädt mit Johann Gottfried Seume-Gedenkstätte: Haus des Verlegers Georg Joachim Göschen (1752–1828) mit Biedermeierzimmer, Seume-zimmer, Kaminzimmer, klassizistische Gartenanlage: Veranstaltungen, Konzerte und Trauungen.
- Nimbschen: Klosterruine des ehemaligen Zisterzienserklosters Marienthron Nimbschen, in dem Katharina von Bora 14 Jahre lebte. Moderner Hotelkomplex mit Restaurants im ehemaligen Klostergut. *www.kloster-nimbschen.de*
- Höfgen: „Das Dorf der Sinne", u. a. mit der Schiffsmühle und Denkmalschmiede am anderen Muldeufer – von Grimma mit Motorschiff (unterhalb der Gattersburg) oder Seilfähre am Kloster Nimbschen. *www.hoefgen.de, www.dorfdersinne.de*
- Künstlerhäuser Schaddelmühle *www.schaddelmuehle.org*
- Hohnstädt: Geranienfest (Mai)
- Stadtfest Grimma (September), Markttage (November), Martinimarkt in der Klosterkirche
- Dürrweitzschen: Blütenfest (Mai)

8 Colditz

Weg nach Mügeln 35 Kilometer durch Obstplantagen auf Dorfstraße und Feldwegen.

⭐ Ausflugstipps & Events

Obstland Grimma-Dürrweitzschen

- Kulturhistorische Wanderung im Tiergarten
- Schönbacher Heimatweg „ZeitZeugen"
- Kremserfahrten im Colditzer Forst, der zu
  den größten Waldgebieten Sachsens gehört
- Tal der Burgen entlang der Zwickauer
  Mulde
- Thermalkurort Bad Lausick mit histori-
  schem Kurpark
  www.bad-lausick.de
- Kur- und Freizeitbad RIFF
  www.freizeitbad-riff.de
- Kureinrichtungen auch für ambulante Be-
  handlung: MEDIAN Klinik und Sachsenklinik
  www.bad-lausick.de
- Großbothen: Wilhelm-Ostwald-Park mit
  Museum, Tagungszentrum, Unterkunft:
  Ehemaliger Landsitz von Wilhelm Ostwald
  (1853–1932), Professor an Universität
  Leipzig. Nobelpreis für Chemie (1909).
  www.wilhelm-ostwald-park.de
- Bergkirche Schönbach, errichtet 1814 auf
  Grundmauern eines romanischen Vorgängerbaus.
  www.zweimuldenland.de
- Wasserschloss Podelwitz mit Museum in
  der Heimatstube
  www.schloss-podelwitz.de

Kur- und Freizeitbad RIFF in Bad Lausick

Lutherweg in Schönbach bei Colditz

9 Mügeln

18 Kilometer über Sornzig (ehem. Nonnenkloster Marienthal) auf Feldwegen und Dorfstraßen nach Leisnig.

⭐ Ausflugstipps & Events

- Freibad, Park Schweta
- Fahrten mit der Döllnitzbahn
  www.doellnitzbahn.de
- Blütenfest und Besuch der Obstplantagen im Frühjahr: Plantagenführungen buchbar über die Obstland Dürrweitzschen AG.
  www.obstland.de
- Wermsdorf – staatlich anerkannter Erholungsort
  www.wermsdorf.de
- Altes Jagdschloß im Stil der Renaissance und die königliche Jagdresidenz Hubertusburg im Stil des Barock; große Wald- und Teichlandschaft, geführte Wanderungen.
- Horstseefischen (Oktober)
  www.wermsdorfer-fisch.de
- Oschatz
  www.oschatz-erleben.de
- Ehem. Nonnenkloster Marienthal Sornzig
  www.klostersornzig.de
- Collmberg ist mit 312 Metern die höchste Erhebung in Nordsachsen. Der Aussichtsturm (Albertturm, 18 Meter hoch) mit Außentreppe ist frei zugänglich. Je nach Wetter Aussicht bis ins Erzgebirge.
- St. Marienkirche in Altmügeln: gilt als eine der ältesten und größten Dorfkirchen Sachsens.

Döllnitzbahn bei Mügeln

Kloster Marienthal Sornzig

Kloster Buch

10 Leisnig

21 Kilometer bis Döbeln auf Wald- und Wiesenwegen und der Dorfstraße. Übergang über die Mulde bei Westewitz.

⊗ Ausflugstipps & Events

- Kirche St. Pankratius in Tragnitz an der Freiberger Mulde
- Kloster Buch – ehemaliges Zisterzienserkloster nur wenige Kilometer flussaufwärts.
- Monatlicher Bauernmarkt mit Direktvermarktern der Region.
- Führungen im Klostergarten, Ausstellung zur Klostergeschichte, Angebote zum klösterlichen Alltagsleben.
- Klosterschänke „Zum Frohen Mönch" *www.gasthof-klosterbuch.de*
- Kanuheim Westewitz mit Gaststätte, Pension, Bootsverleih, Sportplätzen. *www.kanuheim.de*
- Burg Mildenstein *www.burg-mildenstein.de*

St. Marienkirche, Altmügeln

AUF DEM LUTHERWEG

11 Döbeln

Nach Waldheim 18 Kilometer: Dorfstraße bis Stockhausen, Überquerung der Zschopau in Limmritz am Viadukt. Teilweise entlang des Zschopauwanderweges (nicht mit dem Rad befahrbar).

⭐ **Ausflugstipps & Events**

* Übernachtung in der Stadt: Döbelner Hof
* Nossen (ca. 15 km): Schloss Nossen, ehem. Burg der Ritter von Nuzzin; nach Auflösung des Klosters Altzella 1540 wird es Sitz des Abtes; beherbergt die umfangreichste Sammlung und Ausstellung zu sächsischen Adelsgeschlechtern. *www.schloss-nossen.de*
* Klosterpark Altzella *www.kloster-altzella.de*

Blick von der Zschopaubrücke in Waldheim

12 Waldheim

Nach Kriebstein geht es über fünf Kilometer auf Waldwegen. Vom Rathaus über die Pöppelmann-Brücke am anderen Ufer der Zschopau flussaufwärts durch Unterrauschenthal. Hier liegt auf der anderen Flussseite Kriebethal, der Verwaltungssitz der Gemeinde Kriebstein. Nach einer Flusskrümmung erreicht man Kriebstein und sieht am anderen Flussufer die Burg über dem Tale thronen.

⭐ **Ausflugstipps & Events**

* Sounds of Hollywood – Waldheimer Filmmusic-Classics
* Konzerte der Kantorei Waldheim *www.kirchspiel-waldheim-geringswalde.de*
* Übernachtung in der Stadt: Hotel Goldener Löwe
* Jugendherberge Falkenhain an der Talsperre Kriebstein

Lutherweg bei Kriebstein

13 Kriebstein

Eine Strecke von 17 Kilometern für Wanderer führt entlang der Zschopau nach Mittweida. Nachdem man die steilste Straße Sachsens hinuntergegangen ist. Da die Waldwege nicht für Radfahrer geeignet sind, sollten diese lieber ausgeschilderte Radwege benutzen. Einen guten Ausblick auf etwa der halben Strecke gibt es am „Raubschloß". Unmittelbar danach erreicht man Ringethal, geschichtsträchtigen Ort mit Ersterwähnung 1217, heute Ortsteil von Mittweida. Vor der über 800 Jahre alten Dorfkirche in Ringethal steht eine Lutherlinde. Ein riesengroßes Kruzifix stammt aus dem 13. Jahrhundert. In der Dorfkirche erklingt die kleinste Orgel von Gottfried Silbermann mit 266 Pfeifen und 6 Registern. Die Kirchgemeinde, die mehrere Nachbardörfer einschließt, steht im Schwesterverhältnis mit der evangelisch-lutherischen Gemeinde in Mittweida. Im Ort gibt es auch einen Baum- und Gesteinspark.

⭐ Ausflugstipps & Events

* beidseitig begehbare Kriebsteintalsperre: Veranstaltungen auf der Seebühne von Mai bis Oktober, u. a. das Talsperrenfest, Mittelsächsischer Kultursommer, Mittelsächsisches Theater.

* Kletterwald an der Talsperre
  www.kriebsteintalsperre.de
* *www.kletterwald-kriebstein.de*
* Bootsfahrten auf der Talsperre
* Campingplatz an der Talsperre

Blick von der Burg Kriebstein

Dorfkirche Ringethal

14 Mittweida

Mittweida verlassend führt der Lutherweg durch den Schwanenpark in nordwestlicher Richtung über Frankenau und Seelitz 22 Kilometer auf Feldwegen und Dorfstraßen vorbei an zahlreichen Dorfkirchen bis in die Muldenaue, in der die 1000-jährige Stadt Rochlitz liegt.

⭐ Ausflugstipps & Events

- Ausstellungen der Hochschule Mittweida
  www.hs-mittweida.de
- Besucherbergwerk „Alte Hoffnung Erbstolln" im OT Schönborn
  www.schaubergwerk.de
- Schloss Neusorge im Mittweidaer OT Zschöppichen: verfallendes Renaissance-Ensemble, in dem in den 1920er Jahren die als „Engel von Sibirien" bekannte Schwedin Elsa Brandström ein Heim für Kriegswaisen gestorbener deutscher Soldaten einrichtete.
- Chemnitz „Stadt der Moderne" (ca. 15 km): Robert-Schumann-Philharmonie, Museum Gunzenhauser, Oper.
  www.chemnitz.de

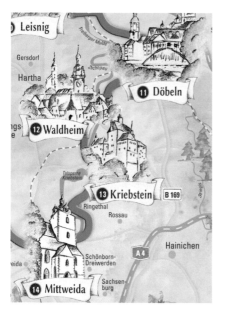

Lutherweg bei Mittweida im Ortsteil Ringethal

Wanderweg bei Kriebstein

AUF DEM LUTHERWEG

15 Rochlitz

24 Kilometer bis Penig: Aufstieg zum Rochlitzer Berg, weiter über Wald- und Wiesenwege.

✪ Ausflugstipps & Events

- Rochsburg
  www.schloss-rochsburg.de
- Schloss Rochlitz: Schlossfeste, mystische Filmnächte, Theater und Konzerte, thematische Führungen. Das 1000-jährige behutsam sanierte Gemäuer mit Standesamt ist eine Traumkulisse für Hochzeiten.
  www.schloss-rochlitz.de
- Markt: Fürstentag, Oldtimerrallye, Hexenfeuer, Weihnachtsmarkt
- Wechselburg mit bewohnter Klosteranlage der Benediktiner, des ältesten katholischen Ordens; Klosterkirche mit spätmittelalterlichem Lettner, Klostergarten und Klosterladen.
  www.kloster-wechselburg.de
- Albertturm auf dem Rochlitzer Berg (1860/61; 353 m über NN, 27 m hoch) aus rotem Porphyr, daneben Bergrestaurant „Türmerhaus".
- Porphyrlehrpfad: über 2,7 Kilometer von Entstehung über Abbau bis Einsatz bei bedeutenden Bauwerken.
  www.rochlitzer-muldental.de
- Überregionaler Muldental-Radwanderweg
  www.mulderadweg.de

16 Penig

Auf dem Muldewanderweg am Freibad Penig auf Waldwegen sind es sechs Kilometer bis Wolkenburg.

✪ Ausflugstipps & Events

- Naturpark Köbe westlich von Penig an der B 95 mit dem kleinsten Zoo Sachsens und einheimischen Tieren, Eintritt frei.
- Schloss Rochsburg: 800 Jahre alte Anlage mit Pulverturm, tiefem Brunnen und Schlosskapelle „St. Anna". Ausstellung „Leute machen Kleider" aus vier Jahrhunderten.
  www.schloss-rochsburg.de
- Bilz Gesundheits- und Aktivregion um Burgstädt, Lunzenau und Penig: Friedrich Eduard Bilz, Verfechter der Naturheilkunde, wurde 1842 in Arnsdorf bei Penig geboren.
  www.rochlitzer-muldental.de
- Rabenstein, OT von Chemnitz: Burg Rabenstein ist die kleinste Burg Sachsens.
  www.burg-rabenstein.info,
  www.campingplatz-rabenstein.de
- Tierpark mit 1700 Tieren – vor allem ca. 170 gefährdeten Arten – am Pelzmühlenteich.
- Braugut Hartmannsdorf: 500 Jahre alter Vierseitenhof, histor. Gaststätte und Säle.
  www.braugut.de

17 Wolkenburg

Zur nächsten Station Waldenburg geht es über sieben Kilometer oberhalb der Mulde über Niederwinkeln auf Waldwegen.

⭐ Ausflugstipps & Events

- Im Schloss Wolkenburg: Konzerte, Ausstellungen, Kulturveranstaltungen, Trauungen im Festsaal.
- Bergbaulehrpfad mit Führung durch den „Sankt-Anna-Stollen", Gebäude der Silberwäsche, Hammerwerk in Uhlsdorf, „Segen-Gottes-Erbstollen".
  www.wolkenburger-bergbaurevier.de
- Bauernmuseum in Dreiseitenhof von 1809 in Dürrengerbisdorf.
  www.wolkenburg-sachsen.de/bauernmuseum
- Limbach-Oberfrohna
  www.limbach-oberfrohna.de

Luftaufnahme von Rochlitz

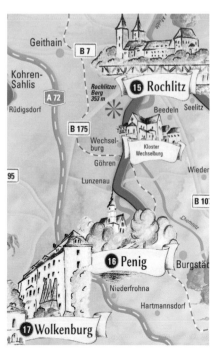

Wolkenburg – St. Mauritiuskirche

AUF DEM LUTHERWEG

18 Waldenburg

Bis Glauchau sind es neun Kilometer.

⭐ Ausflugtipps & Events

- Übernachtung in der Stadt:
  Hotel und Schloss Grünfelder Park
  www.gruenfelder-schloss.de
- Basilikummarkt (Mai)
- Töpfermarkt (Juni)

Waldenburg – Schlossgarten

19 Glauchau

18 Kilometer bis Zwickau – südlichster Ort des Lutherweges in Sachsen – auf dem Mulderad-weg, am VW-Werk Mosel vorbei nach Crossen und weiter entlang der Zwickauer Mulde bis zur Paradiesbrücke, die den Übergang zur his-torischen Innenstadt bildet.

Muldental bei Waldenburg

⭐ Ausflugtipps & Events

- Kultursommer
- Kirchenmusiktage
- historisches Schlossspektakel
- Nacht der Schlösser
- Museum im Schloss Hinterglauchau:
  Einrichtung 16.–19. Jahrhundert; u. a. Ver-lies und unterirdische Gänge. Ausstellung zu Georgius Agricola, der in Glauchau ge-boren wurde.

Kloster Frankenhausen

Landschaft bei Penig

20 Zwickau

Zur nächsten Station Crimmitschau sind es 23 Kilometer. Von der Innenstadt Zwickaus Richtung Westen über den OT Marienthal, Waldweg nach Königswalde, Hartmannsdorf und Dänkritz. Nach der Lauenhainer Kirche geht es noch ein kurzes Stück entlang der Straße, und man erreicht den Crimmitschauer Stadtpark.

Zwickau – Luther-Bibel im Museum

⭐ Ausflugstipps & Events

- August: Stadtfest Zwickau
- Erzgebirge: verschiedene Touren bietet Zwickautourist an.
  www.zwickautourist.de
- In der Umgebung liegen 12 Schlösser & Burgen und über 65 Museen und Ausstellungen sowie eine Vielzahl Sehenswürdigkeiten und Zeitzeugnisse.

Mulderadweg bei Zwickau

21 Crimmitschau

Bis zur nächsten Station Gnandstein sind es 33 Kilometer über teilweise parallel zur Straße verlaufende Wege und auf Dorfstraßen.

⭐ Ausflugstipps & Events

- Altenburg: eine der wichtigsten Residenzen der sächsischen Kurfürsten; Georg Spalatin hatte als engster Vertrauter, Sekretär und Beichtvater Friedrichs des Weisen jahrelang zwischen diesem und Luther vermittelt. 1519 traf er in kurfürstlichem Auftrag den Legaten des Papstes Karl v. Militz und verhandelte das „Altenburger Schweigeabkommen" als letzten Versuch einer gütlichen Einigung. *www.altenburg-tourismus.de*
- In Ponitz treffen die Lutherwege Sachsens und Thüringens aufeinander. Sehenswert in Ponitz: die Silbermannorgel.
- Über Gösnitz schließt der Thüringer Lutherweg in Altenburg an. Altenburg ist ein Schnittpunkt der Lutherwege, Richtung Osten und Norden führt je ein Weg zurück nach Sachsen. Ein weiterer Anschluss weist die Richtung nach Zeitz und damit nach Sachsen-Anhalt.
- Freizeit- und Erlebnisbad und Campingplatz in Mannichswalde (ca. 4 km westlich der Stadt).
- Klosteranlage des Zisterzienserinnenklosters „Zur Heiligen Jungfrau Maria" in Frankenhausen von 1292, jedoch 1410 abgebrannt und neu erbaut. Liebevoll kümmert sich heute ein Verein um die Erhaltung der Klosteranlage. *www.kloster-frankenhausen.de*
- Der Lutherweg und der Jakobsweg verlaufen in diesem Abschnitt aufeinander zu.

Crimmitschau – Marktplatz

Glauchau – Blick zur Stadtkirche St. Georgen

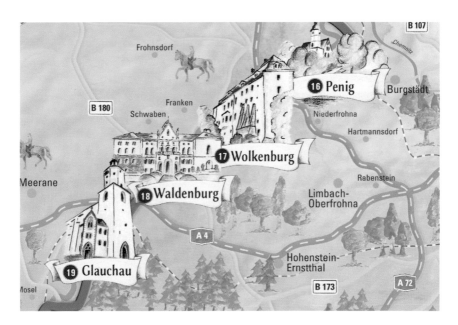

AUF DEM LUTHERWEG

22 Gnandstein

Unterhalb der Burg beginnt die Wanderung nach Borna über 23 Kilometer. Erste Station: Kohren-Sahlis, mit Töpfertradition (Töpfermuseum); regionale Geschichte im Museum mit der Hofmannschen Sammlung. In der Gemeinde Wyhratal vereinigen sich sächsischer und thüringischer Lutherweg, und es geht über Zedtlitz nach Borna.

Schillerhaus in Kahnsdorf

⭐ Ausflugstipps & Events

- Führungen und thematische Veranstaltungen auf Burg Gnandstein.
- Kohren-Sahlis: jährlich im Mai Töpfermarkt
- Ausflugsgaststätte Lindenvorwerk und funktionsfähige Wassermühle „Lindigtmühle".
  www.lindenvorwerk.de
- Frohburg: Museum Schloss Frohburg
  www.museum-schloss-frohburg.de
- Wyhra: Volkskundemuseum sowie Neuholländermühle

23 Borna

Richtung Nordwesten auf einem asphaltierten Radweg sind es acht Kilometer bis nach Neukieritzsch. Von hier aus gibt es eine Zuwegung nach Sachsen-Anhalt in Richtung Zeitz.

⭐ Ausflugstipps & Events

- August: Lutherfest und Lutherlauf
- Konzerte des Leipziger Symphonieorchesters
- Sommerspektakel
- Oktober: Stadtfest und Zwiebellauf
- Mai: „Sparkassen Neuseen Classics – rund um die Braunkohle" ist Mitteldeutschlands größtes Jedermannradrennen; 7-Seen-Wanderung.
  www.neuseenclassics.de,
  www.7seen-wanderung.de
- Ehem. Brikettfabrik Neukirchen

Landschaft bei Gnandstein

24 Neukieritzsch

In die Großstadt Leipzig geht es 31 Kilometer
nordwärts auf Dorfstraßen und Feldwegen
über Rötha und Markkleeberg durch den süd-
lichen Teil des Leipziger Neuseenlands.

⭐ Ausflugstipps & Events

- Hainer See mit Appartments am Wasser
- Gut Kahnsdorf mit altem englischen Park
  und Schillerhaus Kahnsdorf.
- Kirchen St. Marien und St. Georgen in
  Rötha mit Silbermannorgeln.
- Kabinettausstellung in der Marienkirche
  zum Gedenken an die Völkerschlacht.
- Markkleeberger See mit Kanupark
  www.kanupark-markkleeberg.com
- Freizeitpark Belantis
  www.belantis.de

Cospudener See

Kanupark Markkleeberg

Freizeitpark Belantis

AUF DEM LUTHERWEG

25 Leipzig

Nach Eilenburg über Plaußig in Richtung Nordosten 30 Kilometer Wiesenwege und Straßen.

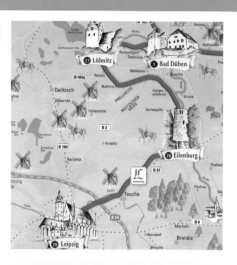

⭐ Ausflugstipps & Events

- März: Buchmesse und Literaturfestival „Leipzig liest"
- Ostermarkt und Historische Leipziger Ostermesse
- April: Museumsnacht Leipzig und Halle
- Januar und April: Winter-/Frühjahrsrundgang Spinnerei Galerien
- Pfingsten: Wave-Gotik-Treffen (WGT)
- April-Mai: Frühjahrskleinmesse
- Juni: Bachfest
- August: Classic open
- Oktober: Grassimesse und Designers' Open
- Kulturstätten:
  www.gewandhausorchester.de
  www.oper-leipzig.de,
  www.grassimuseum.de
  www.zoo-leipzig.de
- Führungen auf Luthers und Tetzels Spuren
  www.leipzig-erleben.com

AUSFLÜGE
- Halle an der Saale
  www.halle.de
- Delitzsch, Juli: Stadtfest
  www.delitzsch.de ,
  www.peterundpaul-delitzsch.de

26 Eilenburg

35 Kilometer entlang der Muldenaue auf Wiesen- und Feldwegen geht es Richtung Norden nach Löbnitz.

⭐ Ausflugstipps & Events

- Eilenburger Tierpark
- Sternwarte „Juri Gagarin"
- Stadtmuseum
- Bootseinstiegsstelle an der Mulde
- Übernachtung: „Heinzelberge" auf dem Burgberg mit Blick über die Stadt.
- Fährhaus Gruna – Muldefähre und Gasthaus
  www.faehrhaus-gruna.de
- Parkanlagen in Zschepplin und Hohenprießnitz (17. Jh.)

27 Löbnitz

Auf dem Weg nach Bad Düben „schließt sich" der Lutherweg in Sachsen. 15 Kilometer auf Waldwegen und Dorfstraßen geht es über Tiefensee (Bockwindmühle) und Schnaditz entlang der Mulde.

✪ Ausflugtipps & Events

- Besichtigung der Bockwindmühle
- Radfahren und Wandern am Seelhausener See und an der Mulde.
- Reiterhöfe, Kremser- und Kutschfahrten
- Rundflüge über Löbnitz und Umgebung, Fallschirmspringen.
- Campingplatz „Alte Mulde" Löbnitz
  www.loebnitz-am-see.de
- Reitstadion Löbnitz: alljährlich im Frühling internat. Löbnitzer Reit- und Springturnier.
- Ferropolis: erstes Juli-Wochenende „With-Full-Force-Festival".
  www.withfullforce.de

AUSFLÜGE:
- Industrie- und Filmmuseum Wolfen
  www.ifm-wolfen.de
- Ferropolis – Stadt aus Eisen
  www.ferropolis.de
  www.goitzsche-tourismus.de
- Wörlitzer Gartenreich
  www.gartenreich.com
- Bauhausstadt Dessau
  www.dessau.de
- Bücherdorf Mühlbeck-Friedersdorf am Muldestausee

Ferropolis – Stadt aus Eisen

Fähre Gruna

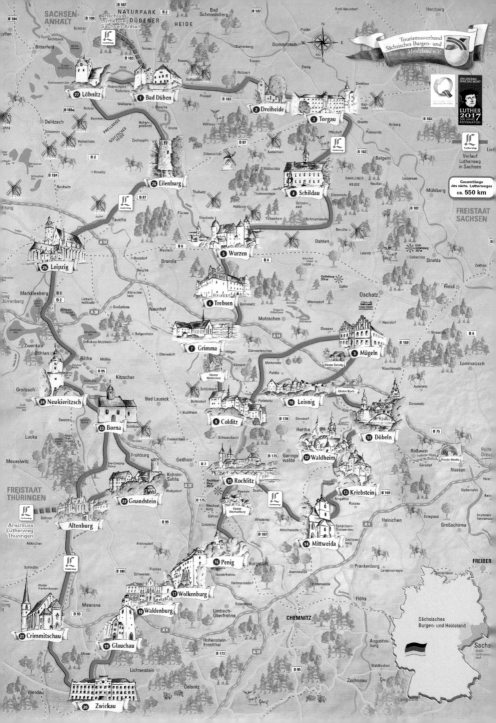

Stempelstationen

	1. STATION	2. STATION	3. STATION	4. STATION
1 Bad Düben (2 Stationen)	Touristinformation Bad Düben Neuhofstraße 3 a 04849 Bad Düben Tel. 034243 52886	Landschaftsmuseum der Dübener Heide Burg Düben, Neuhofstraße 3 04849 Bad Düben Tel. 034243 23691		
2 Dreiheide (1 Station)	Ev. Pfarramt Süptitz Schulstraße 3, 04860 Süptitz Tel. 03421 906220			
3 Torgau (7 Stationen)	Tourist-Informations-Center (TIC Torgau) Markt 1 04860 Torgau Tel. 03421 70140	Katharina-Luther-Stube Katharinenstraße 11 04860 Torgau Tel. 03421 70140	Schloss Hartenfels Schlossstraße 27 04860 Torgau Tel. 03421 70140	Wintergrüne Wintergrüne 2 04860 Torgau Tel. 03421 70140
4 Schildau (1 Station)	Kirche Schildau Kirchberg 4 04889 Schildau bei Familie Schollmeyer Tel. 034221 55495			
5 Wurzen (4 Stationen)	Tourist-Information Domgasse 2 04808 Wurzen Tel. 03425 926000	Katholisches Pfarramt Roitzscher Weg 3 04808 Wurzen Tel. 03425 925155	Zur Kräuterfee Herberge in der Jacobsgasse 12 04808 Wurzen Tel. 03425 853885	Schloss Wurzen Amtshof 2 04808 Wurzen Tel. 03425 853590
6 Trebsen (4 Stationen)	Stadtverwaltung Trebsen Abt. Kultur & Tourismus Markt 13, 04687 Trebsen Tel. 034383 60419	Schloss Trebsen Zum Schloss 1, 04687 Trebsen Tel. 034382 40574	Stadtkirche Trebsen Pfarrgasse 5 04687 Trebsen Tel. 034383 41269	Hotel Schlossblick Trebsen Markt 8 04687 Trebsen Tel. 034383 6080
7 Grimma (2 Stationen)	Tourist-Information Markt 23 04668 Grimma Tel. 03437 9858285	Kloster Nimbschen Nimbschener Landstraße 1 04668 Grimma Tel. 03437 9950		
8 Colditz (2 Stationen)	Tourist-Information Markt 11 04680 Colditz Tel. 034381 43519	Gesellschaft Schloss Colditz Schlossgasse 1 04680 Colditz Tel. 034381 43777		

	1. STATION	2. STATION	3. STATION	4. STATION
9 Mügeln (2 Stationen)	Johanniskirche Johanniskirchhof 5 04769 Mügeln Tel. 034362 41011	Kloster Sornzig Klosterstraße 16 04769 Mügeln Tel. 034362 37505		
10 Leisnig (2 Stationen)	Gästeamt Leisnig Kirchstraße 15 04703 Leisnig Tel. 034321 637090	Kloster Buch Klosterbuch 1 04703 Leisnig Tel. 034321 68592		
11 Döbeln (2 Stationen)	Tourist-Information Obermarkt 1 04720 Döbeln Tel. 03431 579161	Döbelner Hof Bäckerstraße 8 04720 Döbeln Tel. 03431 60250		
12 Waldheim (4 Stationen)	Tourist-Information Niedermarkt 1 04736 Waldheim Tel. 034327 9660	Waldheimer Kulturzentrum, Gartenstraße 42 04736 Waldheim Tel. 034327 660025	Pfarramt Waldheim Gemeindeverwaltung Am Schulberg 2 04736 Waldheim Tel. 034327 93257	Ratskeller Niedermarkt 1 04736 Waldheim Tel. 034327 51852
13 Burg Kriebstein (1 Stationen)	Burg Kriebstein 09648 Kriebstein Tel. 034327 9520			
14 Mittweida (2 Stationen)	Mittweida-Information Markt 32 09648 Mittweida Tel. 03727 967350	Freizeitheim Ringethal Hauptstr. 18 09648 Mittweida Tel. 03727 3101		
15 Rochlitz (2 Stationen)	Tourist-Information Markt 1 09306 Rochlitz Tel. 03737 783222	Schloss Rochlitz Sörnziger Weg 1 09306 Rochlitz Tel. 03737 492310		
16 Penig (1 Station)	Peniger Eiscafé - Eismaik Brückenstraße 24 09322 Penig Tel. 037381 80394			
17 Wolkenburg (2 Stationen)	Schloss Wolkenburg Schloss 3 09212 Limbach-Oberfrohna Tel. 037609 58170	Kirche St. Mauritius Wolkenburg Schlossberg 3 09212 Limbach-Oberfrohna Tel. 037609 5344		
18 Waldenburg (2 Stationen)	Tourismusamt Waldenburg Geschwister-Scholl-Platz im Naturalienkabinett 08396 Waldenburg	Naturalienkabinett und Stadtmuseum Waldenburg Geschiwister-Scholl-Platz 1 08396 Waldenburg Tel. 037608 22519		

	1. STATION	2. STATION	3. STATION	4. STATION
19 Glauchau (2 Stationen)	Tourist-Information Markt 1 08371 Glauchau Tel. 03763 2555	Schloss Glauchau Schloßplatz 5a 08371 Glauchau Tel. 03763 77758262		
20 Zwickau (3 Stationen)	Tourist-Information Hauptstraße 6 08056 Zwickau Tel. 0375 2713240	Priesterhäuser Zwickau Domhof 5-8 08056 Zwickau Tel. 0375 834550	Dom St. Marien Domhof 10 08056 Zwickau Tel. 0375 2743510	
21 Crimmitschau (2 Stationen)	Stadt- und Touristinformation Crimmitschau Markt 1 08451 Crimmitschau Tel. 03762 901018	Pfarramt (Stadtkirche) St. Laurentius Ev.-Luth. Kirchgemeinde Kirchplatz 3 08451 Crimmitschau Tel. 03762 3463		
22 Gnandstein (3 Stationen)	Touristinformation Gnandsteiner Hauptstraße 14 04655 Gnandstein Tel. 034344 61258	Burg Gnandstein Burgstraße 3 04655 Gnandstein Tel. 034344 61309	Seecamping Pahna 04617 Pahna Tel. 034343 51914	
23 Borna (4 Stationen)	Stadt- und Touristinformation Markt 1 04552 Borna Tel. 03433 873195	Stadtkirche St. Marien Martin-Luther-Platz 04552 Borna Tel. 03433 802185	Museum (Borna) der Stadt Borna An der Mauer 2-4 04552 Borna Tel. 03433 27860	Kirchenladencafé "Offenkundig" Roßmarktsche Str. 13 04552 Borna Tel. 03433 788440
24 Neukieritzsch (1 Station)	Gaststätte Auszeit Badstraße 6 04575 Neukieritzsch Tel. 034342 51075			
25 Leipzig (6 Stationen)	Tourist-Information Katharinenstraße 8 04109 Leipzig Tel. 0341 7104275	Thomaskirche Thomaskirchhof, 04109 Leipzig Tel. 0341 222240	Nikolaikirche Nikolaikirchhof 3 04109 Leipzig Tel. 0341 1245380	Auerbachs Hof Grimmaische Straße 2-4 04109 Leipzig Tel. 0341 216100
26 Eilenburg (2 Stationen)	Stadt-Information Torgauer Straße 40 (im Museumsshop) 04838 Eilenburg Tel. 03423 652226	Nikolaikirche Nikolaiplatz 3 04838 Eilenburg Tel. 03423 602056		
27 Löbnitz (3 Stationen)	Pension (Familie) Keller Dübener Starße 13 04509 Löbnitz Tel. 034208 70505	Gemeinde Löbnitz Parkstraße 15 04509 Löbnitz Tel. 034208 7890	Evangelische Kirche Löbnitz Delitzscher Straße 3 04509 Löbnitz Tel. 034208 72127	

Quelle: Tourismusverein Sächsisches Burgen- und Heideland

Texte

Bernd Görne (Einleitung und 27 Stationen des Lutherwegs),
Andreas Schmidt (Martin Luther – Wichtige Stationen seines Lebens)

Abbildungsnachweis

© ARTIFEX / GeNr. 20162159 (S. 122 / 123 o.)
Andreas Schmidt (187 Abbildungen)
Bernd Görne (18 Abbildungen)
Calado – Fotolia (Umschlag)
Hotel Kloster Nimbschen GmbH (S. 44 u.)
Waldemar Böhmer (S. 72–74)
LEIPZIG-LUFTBILDER.NET (S. 46)
Lisa Näther (S. 57 u.)
Luise Karwofsky (S. 4)
Thomas Dieckmann (S. 23 u.)
Tourismusverband Sächsisches Burgen- und Heideland e. V. (Vorsatz, S. 12 r.,
    13 m., 117, 119, 126, 129, 133, 135, 136, 138, Nachsatz)
wikimedia (S. 14)